# その苦しみはあなたのものでない

Ohshima Nobuyori
大嶋信頼

SIBAA BOOKS《シバブックス》

Contents

## 第1章　その苦しみはあなたのものでない

## 第2章 万能感が苦しみを生む

# 第1章　その苦しみはあなたのものでない

## その苦しみはあなたのものでない！

朝ランニングをしている。しんどくて泣きたくなることもあるが、それでも走り続けていると心地よくなる。公園の中に入っていく。管理人さんがエンジン式のブローアーで落ち葉を吹き飛ばしている。そのわきを走り去ろうとした時に突然、右足首が痛くなった。

「痛！　なんで突然？」

それでも走り続けていると、公園のベンチのそばで中年男性が左足を一生懸命にストレッチしている。中年男性はストレッチ後、歩こうとするが、左足を引きずりながらしか歩けない。

「あー、足が痛いからストレッチして治そうとしていたのね」

もしかして、足の痛みは（ミラーニューロンという神経細胞によって）あの中年男性から伝わってきたものかもしれない、と思った。（ミラーニューロンは〝鏡〟の細胞だから左右が逆になるのだ。）

中年男性から離れていくと傷みはなくなった。やがてジョギングコースを走るおっさんたちとデットヒートを繰り広げていた。傷みは私のものではなかった。

「その苦しみはあなたのものでない」

すべての人は脳と脳のネットワークでつながっており、常に情報を交換し合っている、と私は考えている。一昔前なら見向きもされない考えだが、人と人が常にネットワークでつながり影響を及ぼし合っている現在では、あながち荒唐無稽な仮説とは言えないのではないか。

人の脳は無線ＬＡＮのようにネットワークでつながっていて、人は他人から影響を受けてしまう。公園でおじさんが足をくじいたポイントを走った時に、おじさんの脳とつながって「足が痛い！」となったのは、誰でも体験できること。誰でも体験しているけど自分のことだと思い込んでいるから、それに気がつかないだけ。

つまりその苦しみは、本当は人から受けているもので、自分の苦しみではないかもしれない。それなのに、自分のものと思い込んで、自分の苦しみに変えてしまう。

自分の苦しみじゃないから、自分の苦しみとして治そうとすればするほど、こじれて悪化してしまう。そんなこれまでの私の体験が走馬灯のように思い出された。

# ネットワークで痛みが伝わる！

## 外在化なの？

「走り方のせいで足が痛くなった」と痛みの原因を〝自分の問題〟に帰属してしまえば、痛みは確実に自分のものになってしまう。

痛みを真摯に受け止めて、走る前にはちゃんとストレッチをして、走るフォームを見直して、無理のないように走りましょう、とアドバイスをするのが一般的なカウンセリング。

「その痛みって、本当にあなたのですか？」というのはカウンセリングのテクニックの一つで〝外在化〟になる。

〝痛み〟という問題をその人から切り離して考えてみることで問題が明確になり、解決方法を比較的簡単に探すことができるという手法である。

「あなたの走り方が悪いから足を痛めたのだ！」と責められると、人間は自然と〝自分を守る〟力が働いて「これまで同じように走ってきて痛まなかった！」と防衛する。「あなたの走り方が！」と責められると「疲れていたから」とか「走りすぎていたから」なんて〝言い訳〟も出てきて、問題がどこにあるのかわからなくなって解決策が見えなくなる。

私は両親からいつも殴られていたので、人が手を上げただけで「ビク！」っと腕が動いて、ビビッている姿勢をとっていた。まさに〝防衛〟の姿勢になってしまうと、自分を守るために固まってしまい、自由に動けなくなってしまう。それがすごく不便だった。

「あなたのせいじゃないんだよ～！」とした方が、〝防衛姿勢〟で固まることなく、自由に動くことができるから、解決策が簡単に見つかりますよ～！　と言うのが〝外在化〟だ。

「自分の走り方が問題」と気にすればするほど、足に意識が行くから、関節や筋がいつものように自然に動かなくなる。それが〝固まる〟という現象で、それでさらに地面の衝撃を受け続けると、痛みがいっそうひどくなる。

「あのおじさんの痛みが～！」と思っていれば、おじさんの方に注目を向けるから、自分の足の関節や筋に注目を向けなくなり、いつものように自然と動いていると、ちゃんと筋や関節が緩んで「痛みがな～い！」となる。このような解釈が〝外在化〟。

この手法の背後には〝意識〟と〝無意識〟があって、〝無意識さんに任せる〟ことで、よきにはからわれる、という方法なのだ。

## ■〝無意識さん〟に任せたら楽になった！

幼い頃、幼稚園が休みの期間になると、父親の運転で祖母の家に連れていかれた。母親と祖母の仲が悪かったので、前席の両親の緊張感は高く、後ろの席に寝転がっている私は空想の世界に浸っていた。幼稚園児の発想で「どうやって車は動いているのかな？」と考える。中に小人さんが何人もいて、小人さんたちが協力して一生懸命に車輪を動かしている。そんな空想にも飽きて、「どうやって僕は息をしているのだろう？」と考え始める。

「息を吐いて、そして吸って」と考え、意識的にやっていると、だんだんうまく呼吸ができなくなり「苦しい～！　死んじゃう～！」と、パニックになった。

ピリピリしている両親に伝えることができず、「何とか〝普通〟に呼吸をしなきゃ！」と意識すればするほど息苦しくなって「このまま一生、ちゃんと呼吸ができなくなるんじゃないか？」と恐怖を感じた。

やがて眠ってしまい「ほら！　東京タワーが見えるよ！」と両親に起こされたときは、さっきの苦しみは忘れていたが、祖母の家で「なんであんなに苦しくなったんだろう？」と布団の中で考えた時に「呼吸のことを考えたからだ！」と思い出す。けれども「呼吸のことは意識しちゃいけない」と一生懸命に意識しないようにすると、呼吸に意識が向いてしまい「また苦しい～！」となるのだ。

「〝無意識さん〟はいつも助けてくれている」と考えるとき、いつもこの体験を思い出す。

心理療法の〝外在化〟のテクニックは、〝意識〟して苦しくなっている状態から〝無意識さん〟に任せちゃって楽になる！　という仕組みになっている。

足の痛みを感じたときに、足の動かし方に意識を向ければ向けるほど痛みが増す。そこで「あのおじさんの痛みが～！」とおじさんに注目をシフトさせることで、足の動きに意識を向けることなく、動きをすべて〝無意識さん〟にゆだねる。すると、無意識さんは、ベストの足の動かし方をやってくれて、いつの間にか痛みから解放される。だから、〝脳のネットワーク〟という考え方は〝外在化〟のテクニックを使うときに役に立つ。

## その怒りの原因はなにか？

ある女性が「バスに乗っていたら、後から乗ってきた中年女性にものすごく腹が立って、後ろからけりを入れたくなった」と言う。女性は「そんな状態になってしまうことが時々あり、頭がおかしくなってしまうのでは？」と涙を流した。感情のコントロールができなくなる精神的な病なのかもしれない、と恐れていた。

「女性を虐待していた母親を中年女性に重ねてしまったのかも？」と思ったが、決めつけることはできない。そこで、現代催眠のお師匠さんから教えてもらった〝心に聞く〟というテクニックを使ってみる。

その女性に「心よ！　なんでバスの中で中年女性に怒りを感じたの？」と質問をしてもらう。

私の中では「お母さんと中年女性を重ねちゃったからだよ！」という答えを期待していた。けれども心の答えは「その怒りって、あなたのものじゃないから！」だった。

「え～？　なにそれ～！」と思い、質問を続けた。

「心よ！　私の怒りじゃなかったら、その怒りはどこから来ていたの？」

「その中年女性があなたに入れていたから、あなたはただ怒らされていただけ！」（ヒエ～！　なんじゃそれは～！）。

そこで「心よ！　中年女性が怒っていたから、その影響を受けちゃったの？」と質問してみる。

「中年女性が怒っているのではなく、あなたの自由を奪うために怒りをあなたに入れた」との答え。

まったく理解できなかった。

なにこれ？　確かに〝心〟は〝外在化〟をしてくれているけど、ちょっと暴走しているのでは、とその当時は思っていた。

でも、〝心〟からこの答えを聞いた女性はすっきりとした顔をしていたので「まあ、いいか」と質問を続けた。

「心よ！　怒りを入れられているんだったら、私自身は今、何を感じているの？」

すると〝心〟は「自由を感じている」とシンプルな答え。

「うっそ～！　さっきまで涙流して苦しんでいたじゃん！」と突っ込みたくなる。

すると〝心〟は「それ自体があなたの感覚じゃないから！」と教えてくれる。

その〝心〟からの答えを受けて、女性の表情がみるみるゆるんで素敵な笑顔になっていく。

〝心〟は一発で女性を自由にしてしまい、「心ってすげ～！」と思うしかなかった。私は心が行った完璧な外在化に嫉妬すら感じていた。

## 意識が作り出していた暗示を解く

シンプルに書いてしまえば「心に聞く！」は「ただの自問自答」。現代催眠のお師匠さんは〝無意識〟という言葉だけで催眠状態を作ることができると言っていた。そこから〝心よ！〟と、質問の先頭につけるだけで〝意識〟ではなく〝無意識さん〟からの答えが得られるのではと考え、やってみたらびっくり！　私もクライアントさんもまったく想像できなかった展開となったのだ。

この〝心〟からの答えで〝意識〟と〝無意識〟のおもしろい構造が見えてきた。

女性は〝意識〟では「私は誰かをすぐに傷つけたくなってしまう犯罪者のような危ない人間で、頭の病にかかっているに違いない」と思っていた（私の〝意識〟の定義は、普段、頭で考えている状態のこと）。一方で私は「女性は幼少期に母親から虐待されてきたので、母親に対する怒りを中年女性にぶつけて解消しようとしているのでは？」と考えた。

女性は「私は暴力的な危ない人」と意識で思っていればいるほど家の中で暴れて旦那さんを蹴飛ばしたり、怒鳴りつけたり、と危ない人を演じてしまう。

一般の催眠療法のイメージは、〝無意識〟状態になって〝暗示〟を入れて「高いところが怖くなくなる～！」とやり、意識が戻ったときに「あれ？　怖くな～い！」となっている感じ。

これに対して女性がやっていたことは、〝意識〟の方が「私は暴力的になる～！」と〝暗示〟を入れて、その通りに暴れちゃう、というもの。

もし私が女性に「あなたは母親に対する怒りを中年女性に対してぶつけたくなっているんです」と言ってしまったら、それが条件づけになり「中年女性を見たら、母親への怒りをぶつけたくなる～！」と暗示を入れることになって「怒りを我慢できない～！」となっていたかもしれない。意識している状態なのに簡単に暗示にかかり、不快な状態から抜け出すことができなくなってしまう。

ところが、〝心よ！〟という〝無意識〟にこの女性の状態を質問したときに、〝心〟は完璧な〝外在化〟を用いて〝意識〟が作り出す〝暗示〟から見事に女性を解放した。

女性が〝意識〟で「自分は不本意な怒りに乗っ取られて苦しんでいる」と思っていたのは実は〝暗示〟だった。女性の〝心〟は、本来の女性は「自由を感じている」とそれまでの暗示を打ち消して、本来のあるべき姿に戻してくれたのだ。

そう、〝無意識〟が変な暗示を作り出していたのではなく、私たちの〝意識〟が本来の自由な状態を遮って見えないようにしている。普段私たちが見ているこの悲観的な世界は、意識が作り出している〝暗示〟でがんじがらめになっているだけなのだ。

〝心よ！〟と〝無意識さん〟に問いかけると、意識が作り出していた〝暗示〟が解かれていく。そして、筋肉の一本一本がほぐれていき、やがてリラックスした自由な世界が目の前に広がっている。

「へ～！　世の中ってこんな素敵な形で回っているんだ～！」と気がつくのだ。

## 意識が作り出すねじ曲げられたドラマ

ここで〝意識〟の定義をシンプルに「自分自身の考え」とする。

今、意識して考えていることはなに？

「今日何を食べようかな？」

「仕事大変だな～！」

「あの人からどう思われているのかな？」

「休みに入ったら片づけをしなきゃ！」

「机の周りを早く片づけたいな～！」

誰もいない一人の部屋で、自分の頭の中をのぞいてみると、こんなことが頭の中を巡っている。まあ、まあ、静かな頭の中。

これが電車に乗ってしまうと「なんでこのおじさん、こんなに近づいてくるんだ～！」

「俺って、人から馬鹿にされるような顔や態度をしているのかな？」

「みんな俺のことを馬鹿にしやがって！」と怒りが湧いてくる。

すると、過去の不快だった記憶がよみがえってきて、20年、30年前のことでも、今、実際に起きているような感じで、ものすごく惨めな気持ちになって苦しくなってくる（ヒエ～！）。

家にいたときは、頭の中があんなに静かだったのに、人の中に入っていくと頭は戦争状態へ。〝意識〟していることが、ものすごく不快なことになってしまう。

〝意識〟は「自分自身の考え」のはずなのに、会話をしていない周りの人に影響されている可能性がある。電車の中で誰とも喋っていないのだから、自分の思考は本来、他人から影響されることはない。隣に立った男性も嫌がらせをして近づいてきたわけじゃなくて、ちょっと肘がこちらに向いていただけ。それなのになぜ、「嫌がらせをされている～！」と感じてしまうのか。ここで〝脳のネットワーク〟の問題が出てくる。

脳は無線LANのようにネットワークでつながって情報のやり取りをしている。だから隣のおじさんが「会社の奴はみんな俺のことを馬鹿にして！」と電車の中で考えていたら、それが私の脳に伝わってきたときには「隣のおじさんは私のことを馬鹿にしている」という思考になる（私の場合）。もしかして、その隣の人におじさんの感覚が伝わった場合は、会社のおもしろいおじさんのことを思い出して「あのおっさん、変だよな～！」と、おじさんをからかっている場面を思い出していたかもしれない。

この現象を考えるとき「伝言ゲーム」を思い出す。先生が「今日の給食のデザートはフルーツポンチです」と最初の子に伝えて、それを次から次へと伝達して40人目になると「先生はフルーツが好きです」に変わってしまっていた。

人は伝えられた情報を自分なりに解釈して相手に伝えてしまう。伝わっていくたびに、その情報はいろんな解釈が加わり、オリジナルの情報はねじ曲げられていく。言葉を使った伝言ゲームでもそれだけねじ曲げられるのだから、言葉を使わない脳のネットワークでは、もっとすごいねじ曲げが起こる。

そのねじ曲げられた他者からの思考を〝私の意識〟にしてしまうと、私はその〝意識〟に暗示をかけられてしまう。「みんな私のことを馬鹿にする！」という暗示。

すると電車から降りようとしている人のカバンが私の背中に当たる。「やっぱり馬鹿にされている！」

と〝意識〟がうまい暗示を入れてくる。さらに女性のハイヒールが私の靴に刺さる（ぎゃ〜！）。意識は「やっぱりね！」となり、そこから、意識は暗示を完璧なものにするために、過去の「馬鹿にされたデータ」を引き出してくる。「ほらね！」って。

人の目が私を馬鹿にしているように見えてきて、キッと睨み返したくなる。電車の中は戦場状態になっていく。

「心よ〜！」思わず心の中で叫ぶ。

「心よ！　私は今何を感じているの？」

心は「別に何にも感じていないよ！」と言う（うっそ〜！）。

「心よ！　今、馬鹿にされている、っていう被害感が酷くて、過去の嫌な記憶が暴走しているんだけど？」とクレームをつける。

すると心は「それって、見せられているだけだから！　あなたが自由になっているから」と、ざっくりしたことを言う。

「心よ！　不快なものを見せて足を引っ張ろうとしているの？」と聞いてみる。

心は軽く「そう！　そう！」と答える。

次の瞬間に、ホラー映画を間違えて見ちゃったときに、友達に「あの映画見た？」と思わず言ってしまって、怖い映画を見ないで飄々としている友達に同じ気持ちになってもらって自分が安心しようとしたことを思い出す。

同時に「あんなに朝、楽な気持ちだったのに足を引っ張りやがって～！」と怒りが湧いてくる。

「心よ！　ぼくはどうしたらいいの？」とざっくり聞く。

心は「ドラマを見るのが好きじゃん！　楽しんで見ていれば？」と言われて「へ～！」となる。

確かに、人間ドラマを見るのが好きだから、皆さんから伝わってくる人間ドラマを見ていると「なるほどおもしろいかも！」と思う。同時に、電車の中の人たちも「自分の意識で考えていること」と思っても、伝言ゲームで捻じ曲げられた情報で悪夢を見ているんだろうなと思ったら「なるほど～！」となった。あんなに戦争状態だった電車の中がいつの間にか、家の中のテレビの前に変化していた。

「意識って自分だけの思考で作られているものじゃないのかも？」そのときに気がついた。

## 「心に聞けない！」は意識的判断

「心に聞くは難しい～！」と思うのは、これも〝意識〟が作り出している〝暗示〟だ。〝難しい〟という判断は意識的なもの。この〝意識的判断〟は、実は自分のものでなくて脳のネットワークで伝わってきているものだったりする。

ある高校生が「本を読んだんですけど、心に聞くのはできないんです！」と言った。この意識的な判断は、この高校生のものではない可能性がある。

もう一つ確認しなければいけないことは「心の声は天から降ってくる神の声！」という考え方。

自分自身に「お腹空いている？」と問いかけてみると「空いている～！」という〝思考〟が湧いてくる。

脳のネットワークのことを考えると、外から人の思考が伝わってきても「自分は馬鹿にされている」という〝自分の思考〟として湧いてくる。だから、〝心の声〟も自分の思考と思っていい。神の声ではない。

条件として、質問の冒頭に必ず〝心よ〟とタグをつけること。〝心よ〟というタグをつけなければ、電車の中で隣のおじさんの脳とつながって、おじさんの脳と会話をすることになるかもしれない。

「心に聞けない」という高校生には「心よ！　私と心の間に邪魔がありますか？」と聞いてもらった。すると〝心〟は「クラスの隣の子が邪魔している！」と教えてくれた。このクラスの隣の子は、高校生の意見をいつも否定してくる子で、会話をするといつも惨めな気持ちになっていた。

そこで「心よ！　そのクラスの子からの邪魔を排除してくれる？」とお願いする。

自分でその子のイメージを頭から消そうとするのでなく、〝心〟に任せて「排除できたら教えてね！」とお願いする。

このときの注意は、そのクラスの子が浮かんできたときに、背中に痛みが湧いてきたら「その痛みが消えるまで、その子の邪魔は消えない！」などと思う必要はないってこと。身体的な不快感は一切無視をして、単純に〝心〟に「排除して！」とお願いして、心が「できた！」と教えてくれたら、もう一度「心よ！　私と心の間に邪魔がありますか？」と確認するのを繰り返す。高校生の場合、それを何度か繰り返すと「心ってすげーことを教えてくれますね！」と気がついた。

そのとき、心が「人が怖いと思うのは、あなたが人と適切な距離を保つのに必要なんです」と高校生に教えてくれた。

この答えを聞いて私が「すげ～！」と思ったのは「この高校生は他の高校生に比べると純粋な心の持ち主だから、他の子との距離感が大変だろうな～！」と思っていたから。「人が怖い」と感じることで人と適切な距離を保つことができ、自分を守ることができていたのだ。

私が期待していたのは「その〝怖い〟という感覚はあなたのじゃなくて、父親から伝わってきている〝暗示〟なんですよ！」という答えだった。それが見事に外れて「心ってすげ～！」と思った。私が高校生に変な暗示をかけるのを、心は見事に回避してくれた。

「心に聞けない！」は〝意識的判断〟で、他人の脳からネットワークで伝わってきている〝暗示〟である。それを〝心〟にお願いしながら解いていくと、〝心〟からおもしろい答えが聞けるようになるのだ。

## 心はＡＩのように最短ルートを教えてくれる

ＡＩ（人工知能）は最近では「すぐそこにある現実」になっている。自分が知りたいことをＡＩに話しかけるだけで、一番合った答えを引き出してくれる。

「ここから海までの最短ルートを、車が混んでない道を探して」とお願いすると2秒後には「はい、3つのルートが見つかりました！」と返事をしてくれ、所要時間と高速料金を示し、目的地までの道案内もしてくれる。「こうなったらいいな〜！」と思っていたことが現実になってきている。

〝心〟に問いかける、もＡＩと同じじゃん！　と思っている。

ある学生が「突然、学校に行きたくなくなり、朝、ベッドから起き上がれないんです」という。カウンセラー知能がこれまでのさまざまなデータの中から、学校に行けなくなった理由を検索し、頭の中で18の原因を考え出す（少な！）。

トップ3は以下。

①「この学生は完璧主義なところがあり、テストの失敗をきっかけに〝怒り〟（後悔も含む）で睡眠パターンが乱れて、ストレスからのダメージを修復できなくなり、うつ状態に落ちいって学校に行けなくなった」

②「家族がこの学生のことを理解せずにプレッシャーやストレスを与えすぎたので、〝怒り〟や〝不

安〟の刺激で脳の電気発射ビビビ！の発作が治まらなくなって、動けなくなってしまった」

③「卒業してしまったら、母親の保護から抜けて自立しなければならなくなるので、〝起きられない〟という退行症状（赤ちゃん返り）をして母親に抱きしめてもらうことを求めている。幼少期に兄に手がかかり母親から抱きしめてもらえなかったため」

この学生のデータからカウンセラーは「この３つの可能性かも知れないな～！」と考えた。

でも、ここでＡＩに匹敵する〝心〟に聞くを学生にやってもらう。

「心よ！　私のことを助けてくれますか？」と初めに聞いてもらうと「嫌だ！　自分の頭の中に浮かんでくるんですけど～！」と口を尖らせて言う。

「心よ！　私と心の間に邪魔がありますか？」と聞いてもらうと「母親が浮かびます！」と。

では「心よ！　母親からの邪魔を排除してください！　そして、心よ！　排除できたら教えてね！」とお願いする。学生はしばらく沈黙した後に「はい！」と教えてくれた。

何度か他の人からの邪魔も排除して「心よ！　私のことを助けてくれますか？」ともう一度聞いてみると「いいよ！」と素直に答えてくれるからこれが止められない。

「心よ！　学校に行きたくないという感覚は私のですか？」

すると〝心〟は「違うよ！」と教えてくれる。

「心よ！　だったら誰の？」と尋ねてみると「母親から入れられているもの！」と教えてくれる。

「ちっとも顔色なんか悪くないぞ～！」と言われると、さっきまでの怠さが嘘のように消えていた。あの看護師さんと仲良くなった職員が次々と退職していく。そして結局「院長のお気に入りのスタッフは、あの看護師さんしかいない」という結果になっていた。

白衣のきれいな看護師さんだから「私のことを心配して言ってくれているんだろう！」というのが一般的な常識。優しい顔で心配されるものだから「それって僕に暗示をかけているの？」などと疑いもしない。

何人ものスタッフが、その看護師さんに心配されて、優しい声をかけられるうち顔面が徐々に蒼白になっていき、やがて休みがちになって「私にはこの仕事は合っていません！」と辞めていく姿を見ていくと「言葉の力ってすごいのね～！」となる。

私には〝常識〟というフィルターがあるから、〝心〟が導き出した見事な心理療法の最短ルートを思いもつかなかった。

学生の母親が「学校に行けなくなった息子のことが心配です！」とカウンセリングにやってきた時点で「子供のことを心底心配している優しいお母さん」という枠組みが私の中にできる。実際に学校に行けるようになると、母親は「いつまであんなカウンセリングなんか通っているのよ！」と言っていたとのこと。

そして、卒業試験間近になると、あの看護師さんのように「あなた、ちょっと顔色が悪いんじゃない！」と顔を合わせるたびに言われていた。そして、同じように「ちゃんと眠れていないんじゃない？」と言われて、だんだん眠れなくなって「だったら私の処方されている薬を飲みなさいよ！」と息子に薬を渡している愛に満ちあふれたお母様を演じていた。

学生に「カウンセリングのときは、眠れないなんて言っていなかったですよね」と聞いてみたら「お母さんから薬をもらっていて眠れていたから」とボソッと答えた。

「でも、美術館で好きな絵を見て、寝るときにその絵を思い出すようになったら、お母さんの薬なしで眠れるようになったんです！」とのこと。

眠剤が処方されていたということは「お母さんは睡眠の問題があった」ことになる。だから〝心〟が学生に「今は、自分の感覚と母親の感覚の区別がついていないから」と言ったんだな、と理解できる。外在化テクニック的に言ってしまえば、学生の「眠れない、そして起きられない！」というのはあなたの感覚じゃなくて、脳のネットワークを通じて母親の感覚を自分のものにしてしまっているから、ということになる。

「なんでいつもちゃんと眠れないんだ！」と自分を責めてイライラしていればいるほど「眠れない〜！」となる。外在化によって「これは母親の感覚であって自分のじゃない！」となり、絵を見て自分の感覚を取り戻したときに眠れるのは、自分を責めなくなったから、と考えられる。

# 「大丈夫？」と聞かれると
# 大丈夫でない気がしてくる……

## 〝心〟が打ち破る常識の壁

心は、私が考えていた展開とはまったく違った世界を見せてくれる。私の中には「母親は子供の幸せを願っているもの」という〝常識〟がある。そのため「せっかく学校に行けるようになった子供の邪魔なんかするわけがない！」と思っている。

だから世間一般の方は「この子が母親の愛情に甘えているに違いない！」「学校に行かないのは母親に甘えているから！」と心の中で責める。責められた子供は、その冷たい目に「僕のこと責めているんだな～！」となってうつ状態になる。そうなると「学校に行きたい！」となるわけがない。それでも人はこの学生のことを心の中で責める。

あるカウンセラーは「この学生は母親から気に入られて良い子ちゃんでいるために無理をして学校に行っていただけで、本人は学校に行くことを求めていない」と断言する。やりたくないことをずっとやってきたから、そのストレスが蓄積して睡眠障害が発症して、やりたくないことをやらなくなった、という解釈をする。

その解釈をしても、学生さんはちっとも楽になっていなかった。

「確かに、親が決めた学校なんか行きたくなかったのかもしれない」と、そのときは納得して解放された感じはするが、やっぱり「あとちょっとの所で自分はあきらめてしまった。最後までやり遂げるんでくる。

「心よ！　母親からの邪魔を排除して！　排除できたら教えてね！」とお願いして「できた！」という思考が浮かんでくるまで待つ。

「できた！」と言われたときに「確かにクリスチャンである母親は聖書と牧師さんからの説教以外はちょっとね〜」という人だから「〝心〟の声を信用するなんてとんでもない！」と否定するんだな、と見えてくる。

「心の声なんかありっこない！」という常識は母からの贈り物だ。

心に「常識の壁」を排除してもらうと、今度は「悪いことをしているのでは？」という後ろめたい気持ちになってくる。

そんなときも「心よ！　私と心の間に邪魔がありますか？」と尋ねてみると「母方祖父が邪魔しているよ！」と教えてくれる。私はこの罪悪感にも長年苦しめられてきた。

「心よ！　祖父からの邪魔を排除して！」とお願いし、「ハイ！　出来た！」と思考が浮かんでくると、気分が軽くなり「心になにを聞いてみようかな？」という感じになっている。

「心に聞くなんておかしいこと、罪深いことをしている」という「常識の壁」は祖父からの贈り物。

それらを〝心〟に排除してもらうと、自由に心に聞けるようになる。〝心〟は、私の行動を縛っていたさまざまな「常識の壁」から解放してくれて、発想も思考も自由になり、いつの間にかのびのびと生きられるようになる。

「最近、ホームページの閲覧数が少なくなり、お客さんが減ってきている」と悩んでいる人が来たとき、その方の〝心〟に「心よ！　お客さんは増えるの？」と質問をしてみた。

すると「増えるよ！」とその方の〝心〟は答えてくれた。その答えに対して「そんな、急に増えるわけないでしょ！」というのが「常識の壁」。

そんなときに「心よ！　私と心の間に邪魔がありますか？」と聞いてみると、やっぱり、その方のお父様が常識の壁を作っていた。

それを排除してもらって、心に質問をしていくと「毎日、温泉に行くとお客さんが増えるようになるから！」と教えてくれた。「本当かよ！」と突っ込みたくなった。

すると〝心〟は「あなたが楽しんでいれば、人はどんどん寄ってくるから！」と教えてくれた。

その方は、初めのうちは半信半疑で、温泉に数回行ったきりになって「お客さんが来ないんだからそれどころじゃない！」と焦っていた。でも、焦れば焦るほどホームページの閲覧数は減っていく。

そして、もう一度〝心〟に聞いてみると、やっぱり「温泉に毎日行きなさい！」という。さすがにその方も「はっは～！」と従ったら、本当に閲覧数が増えてお客さんがコンスタントに来るようになったのだ。

温泉なんかのんびり入っていないで努力をしなければと意識では思っている。でも、心に聞いてみると、「あなたの魂はそんなことは思っていないよ！」と教えてくれる。

私の父親も「苦しんで日々の糧を得る」という聖書の言葉を言っていて、父親の会社の社員もそれを口癖のように言っていたよなと、心に言われると思い出す。

こうして常識の壁を超えて、自由に飛んでいく人を見ていると「私の思考は一体なんでできているのだ？」と疑問になる。

## 受け継いでいるのでなく、影響を受けているだけ

親に育てられたのだから、親の考え方の影響は確かに受けている。

私の場合、父親が「日々の糧は苦しんで得るもの」という考えで、実際に苦しんでいるのを見ていたので「働くことは苦しいこと」という常識がいつの間にかできている。楽しんで仕事をしていると後ろめたい気持ちになる。

母親の方は、いつも「お金がない」と言っていたので、「いつも貧乏！」というのが私の常識で、ケチって安いものを買って損をすることを繰り返していた。これらは長年かけて親から学習した結果と考えられる。

興味深いのは、このパターンから抜け出そうと意識的に努力すればできるが、いつの間にかまた同じ思考パターンに戻ってしまうこと。

苦労性の遺伝子や貧乏性の遺伝子を受け継いでいるから努力して変えてもまた元に戻ってしまうのだと思っていた。けれども、変える努力をしなくても「簡単に変わるんだ～！」と思った瞬間があった。

楽しく仕事をしている人と一緒に仕事をしたときは「あれ？　楽しく仕事をしても効率よくできるし、後ろめたくないかも！」となった。お金に余裕がある人を尊敬して、その人の真似をしたときに「あれ？　お金ってちょっと貯まるかも！」となった。

「努力をしなくてもこんなに簡単に変わることができるんだ！」と思った瞬間だった。

両親のことを思い出してしまうと、途端に苦労性、貧乏性が戻ってきてしまうが、仕事を楽しんでいる人に注目を向けると「楽しく仕事ができるかも～！」となるから興味深いのだ。

ということは、私の思考は注目を向ける人に影響されていると考えられる。両親のように共通の遺伝子を持っている人の影響は受けやすいだけで、それが自分の中に定着しているわけではない。

苦労性、貧乏性は両親の思考の中にあるので、無意識に両親に注目を向けたときに影響を受けていただけ。だから、いくらでもそこから自由になることができる。

## 辛い～！苦しい～！が繰り返される仕組み

「苦しい～！　辛い～！」で疑われる代表的な症状に〝強迫性障害〟がある。不合理な行為や思考を、自分の意に反して反復してしまう。一番わかりやすいのが「汚いものを触ったら手を洗わなければ！」という行為だが、それを1日に合計1時間以上費やすようなら強迫性障害が疑われる。同じ思考を繰り返してしまうのも強迫性障害の症状。

たとえば、職場で同僚の中年女性から言われた一言がぐるぐる頭の中を回って、その人との会話のやり取りを何度も繰り返して一時間以上も止まらない、というのもそう。

「そんなことをいつまでも考えたって変わらないじゃない！」というのはわかっている。でも、それが止められないし、止まらない。

一回手を洗ったら大丈夫とわかっているのに、また洗いたくなってしまう。自分でも「おかしい」とわかっているのに、止めることができない。

「自分は醜いかもしれない！」と容姿のことをぐるぐる考えたり、「太っているかもしれない」とダイエットのことをぐるぐる考えたりするのも症状の一つになる。

この症状は、気にし始めて「止めなければ」と思って止めようとすればするほど止まらなくなる。

トラウマ理論的に考えると、トラウマによって記憶から抜けてしまった〝恐怖〟の感覚を回避すればするほど、根底にある恐怖が増幅するので、さらに増幅した恐怖を回避するために何かをやらなければいけない、というパターン。わかりやすいケースに置き換えてみる。

小学校の頃にいじめを受けた子供が、そのいじめの記憶をなくしてしまう（私はこれを小学校のキャンプの時に体験した）。記憶をなくするということは、記憶がきちんと整理されていないこと。いじめを受けたときの惨めさ、怒り、恐怖などの感情も整理されないので、劣化することなくフレッシュなまま残ってしまう。

恐怖や怒りは時間がたてば慣れが生じて軽減するはずだが、このいじめられたこの子の場合、その時の感覚がフッと出てきそうになると「ゲーム！」とゲームに没頭して、トラウマの感情を回避する。

この仕組みを人間の視神経で説明すると、視神経は一点を凝視していると〝消失（extinction）〟が生じて色彩を認識しなくなる。けれども眼球をちょこまかと動かして絶えず視神経を刺激していると、色彩や物の輪郭を常にリアルに認識する。

視神経と同じように、襲ってくる〝恐怖〟に向き合って一点凝視してしまえば、その感覚はやがて〝消失〟していく。でも、ちょこまかちょこまかと眼球を動かすように回避を繰り返すと神経を常に刺激することになるので、その不快な感情は消えずに、そこに残ってしまう。

いじめのときの〝惨めさ〟が襲ってきたときに「ゲーム！」と回避すればするほど、その惨めさはフレッシュなまま残ってしまう。そのため強迫的にゲームをし続けることになってしまう。そんな子供に対して親が「いつまでゲームをやっているの！」と叱ってしまうと「グルルル〜！」と子供は暴れ出す。ゲームを止めることは、得体のしれない〝恐怖〟と〝惨めさ〟と一人で向き合えと言われているのと同じなので、怯えた子犬のように怒るのだ。

トラウマによって処理されない感情が襲ってきたときに、お酒を飲んで回避するのも同じこと。アルコールに対する強迫症状になり、やがてアルコール依存症になる。

「痩せたい」という思考で回避した場合「ダイエットしなきゃ〜！」と「食べたい〜！」が交互に襲ってくる摂食障害になる。

## 自分のものじゃないから消えない

トラウマの治療をしているときに興味深い体験をした。毎日たくさんのケースを見ていて胃が痛くなっていた。

病院で検査すると胃潰瘍の跡があり、「真面目すぎるからこうなるんだよ！」と言われた。確かに家に帰ってからもケースの治療のことをずっと考えていたが、それをやらないと治療ができないので悩んでいた。

あるとき、比較的胃の調子がよかったのだが、クライアントさんが面接室のドアノブに手を掛けた瞬間、突然、胃の痛みが襲ってきた。脂汗をかきながら、クライアントさんの話を聞いた。

「もしかして、この痛みはクライアントさんの怒りかもしれない」と思い、クライアントさんに「もしかして、怒ってらっしゃいます?」と尋ねてみると、「なんでわかるんです!」うれしそうな表情になって「実は夫が」と、堰を切ったように怒りが飛び出してきた。

クライアントさんが夫への怒りを吐き出して、その怒りが軽減されて行けばいくほど、私の胃の痛みも和らいだ。

「この痛みは、クライアントさんの〝怒り〟だった!」とわかるとスッキリした。

それまでは「食べ過ぎたのかな?」とか「冷たいものを飲んでいるから?」とか「寝不足のせいかも?」などと考え、胃薬を飲んでいたが、ちっとも改善されなかった。クライアントさんから伝わってきたものなのに「私の食べ過ぎで」と原因を自分に帰属してしまうと〝痛み〟は私のものになって、いくら努力しても解消しない。なぜなら原因が私にないのだから。

もしかして「痛みを感じたときに〝クライアントさんから伝わってきた〟と思うだけでいいのかもしれない!」と閃いた。次に胃が痛くなったときに「この痛みはクライアントさんから伝わってきたもの!」と念じてみたが、つい昨夜の不摂生が頭に浮かんでしまい「自分が悪いのかも?」となって痛みが消えなかった。

そこで、「クライアントさんから伝わってきたもの！」と条件づけるために〝水〟を飲むことにした。胃が痛くなったらコップ１杯の水を飲むようにした。

水を飲んでトイレで排泄した瞬間に「あれ？　胃の痛みが消えている！」となった。本当に私のものじゃないいんだと感動した。

「クライアントさんの怒りが伝わってきているから流しちゃおう！」と、水を飲んでトイレで流したら本当にスッキリしたのだ。

## ■不快をキャッチしたら水で流す

ジョギング中、突然「今、大地震が起きて津波に襲われたらどうしよう！」と不安になったことがあった。なぜ急にそんな感覚になるのだろうと思っていた。あるとき、ジョギングコースの地図を見て気がついた。

いつも災害のことを考えてしまう場所は気象庁の前だった。気象庁の前を通ったときに、災害のことを考えてしまっていた。そのビルにいる多くの人が災害のことを考えており、近くを走った私が「震災になったらどうしよう？」となっていたのだ。

このときに「自分が不安になっているからこんなことを考えてしまう」と思えば、私は不安な考えを止めることができない。でも「あ～！　気象庁の職員の人たちのものなんだ～！」と思えば、考えを止めることができる。

普段歩いていて突然、過去の嫌なことを思い出したり、不安なことを考え出したりするとき、その周辺に浮かんでいる感覚を受け取って「自分のもの！」にしてしまうため、と考えられる。

「なんで自分はこんなことを突然考え始めてしまうんだろう？」と原因を自分に帰属してしまえば、他人の感覚を自分のものにしてしまうことになるので、その不快な感覚は解消されなくなり、ぐるぐると強迫的に考えることになってしまう。

その不快感を打ち消すために携帯ゲームをしたり、ダイエットのことを考え続けたりしてしまえば、余計にその不快感が増幅されてしまうので、さらにそれをやり続けなければならなくなり「止めたくても止められな～い！」となる。チックなんかの症状もそれが原因だったりする。

不快な感覚を打ち消そうとして「ムカつく！」とか「バカ！」とつぶやいてしまうと、他人の感覚を自分のものにして固着させてしまうからそれが止められなくなる。

不快な感覚が消えないときは「もしかして、自分のじゃないのかもしれない！」と思って、水を飲んでトイレで流してみると「スッキリ！」となるから興味深い。

## お水が効かないときは

ＦＡＰ療法（Free from Anxiety Program）はトラウマ治療のために開発された療法だ。トラウマの方から飛んでくる不快感をうまく利用する治療法である。

人は緊張している人のそばに行くと「緊張する～！」となる。相手が緊張しているのかわかっていなくても、自然と伝わってくるのは、脳が緊張している人の脳の状態を自動的に真似してしまうから。ＦＡＰ療法は、その仕組みを利用して、いつまでもフレッシュなままになっているトラウマ記憶を整理する。

トラウマの人の脳の状態を真似して、そして真似した状態をもう一度トラウマの人にお返しすることで、脳の〝不快〟状態を打ち消し合う（雑音で雑音を消すスピーカーと同じような仕組み）。

治療中にトラウマの脳を真似するから、治療者はものすごく苦しくなる。以前「娘の治療を見学します」とカウンセリングルームに入ったお母さんは脱毛症になった。しかし、どんなに苦しくなっても、水を飲んでトイレに流してしまえば大丈夫だと、後輩のカウンセラーに教えたことがある。

ところが治療後に大量の水を飲んでいるのに、後輩たちがみるみるボロボロになって青ざめていった。そのときに気がついた。私は面接室の外にある水を飲んでいたのに、後輩たちは面接室の中にある水を飲んでいた。

「なるほど！　見学しているお母さんが影響を受けるのなら、同じ部屋にある水も影響を受けちゃうのかもしれない！」と思って、外に置いた水を飲んでもらったら「大丈夫！」となったから興味深いのだ（「早く教えてよ～！」と怒られました）。

この現象を見たときに「本当に自分が感じる苦しみは、自分のものじゃないかもしれない！」と思った。

音は聞こうとしなくても自然と耳に入ってきてしまうように、音のように飛んでいる苦しみも自然とキャッチしてしまっているのだ。

音の場合、自分が発している音と他人の出している音の判別はつくが、飛んでくる不快感の場合は、他人のと自分のものの区別がつかなくなる。それを「私が苦しんでいるんだ」と自分のものにしてしまうと苦しみは固着する。原因が自分ではないので、その苦しみが解消できなくなってしまう。

「でも大丈夫！　水を飲めば！」

水を飲んでトイレでジャー、流してしまえば消えるからおもしろい。ちなみに私の場合、水道水はダメで、お勧めはミネラルウォーター。沸かしていないものが一番いい。流せるのは〝水〟で、お茶とかコーヒーではうまくいかない。

## パズルのピースを探す

トラウマの治療中、突然、小学校のときにいじめられた記憶がよみがえってきて、肥溜めに浸かっている感覚になることがある。

クライアントがいじめの話しているときに、自分の体験も思い出されたのだったらわかるのだが、いじめのことなんか一言も話していない人の治療時にこのような現象が起きるので「自分はやっぱりダメダメ人間なんだ〜！」という気持ちになる。

何が起きているのか。クライアントの苦しみが脳のネットワークを通じてカウンセラーに伝わってくる。それが、母親から育児放棄をされたものであっても、トラウマになってしまうとその幼少期の場面ではなく「惨めでものすごく哀れな感覚」だけが脳にこびりついている。

カウンセラーがクライアントの「惨めでものすごく哀れな感覚」を受け取ったとき、脳の記憶は感情や感覚で整理されているので、脳は自動的に「惨めで哀れな感覚の記憶」を検索して引き出してくる。

プルーストの「失われた時を求めて」の中に、マドレーヌを食べたら過去の記憶が一気によみがえった、という有名なエピソードがある。

脳が「こんな記憶がありましたけど！」と自動的にひっぱり出してきたいじめの記憶に浸って「自

分はこんなに苦しんできたのに、この惨めさは何も変わっていないしダメダメ人間のままなんだ〜！」と思ってしまったら「ハイ！　ダメダメ人間の暗示が入りました〜！」となるのだ。

暗示によってすべての認知が歪んでしまう。言葉の暗示はすごい。

「自分はあの頃と何も変わっていなくて惨めなんだ！」という言葉を使ったら、それが見事に暗示になってやることなすこと「ダメダメ！」になる。そして「ダメダメ！」の記憶が芋づる式に引き出されて悪夢状態。まさにドロドロになる。

それが、治療が終わって水を飲んだらスッキリ。何だったんだ、あの嵐のような不快な記憶は？となるのだ。

## 原因が一致すれば整理される

ちょっとしたきっかけで次から次へと不安なことが頭に浮かんできたり、頭が怒りでいっぱいになってしまう場合は「他の人から飛んできている感覚かも？」と疑ってみること。

一つの感情を整理するためには、その感情の元になっている状況記憶が必要になる。たとえば「悲しい！」だったら、「昨日割ってしまったお皿」で感情と記憶が一致すれば「悲しかったよね、さよならお皿さん！」となる。

本当はお皿を割ったことが悲しいのに、「悲しい！」に対して「過去の失恋体験」を持ってきてしまうと、感情と記憶が一致しない。そのため「悲しい！」という感覚がいつまでも消えず、「悲しい」にまつわる記憶をぐるぐる引き出してはさらに不快になることを繰り返してしまうのだ。

トラウマになるとこの現象が顕著になる。なぜなら「怖い！」の元の記憶が抜けちゃうのがトラウマだから。トラウマの人はトラウマ記憶と同じような体験を繰り返して「怖い！」を消そうとする。両親から育児放棄された恐怖を体験して、その幼少期の記憶がなくなってしまった場合、恐怖を消すために「人から拒絶されるようなこと」をして両親からの育児放棄の場面を再上演する。人と親密になりそうになったら、関係を壊してしまうタイプの人がそれ。

記憶が抜けているので「なんでそんなことをしちゃうの？」と、自分でもまったくわからない。「人から伝わってくる感覚」を自分のものにしてしまうと、トラウマと同じように「これも合わないぞ～！　あれも合わないぞ～！」と、次から次へと不快な感覚をひっぱり出してしまい、不快感が増幅してしまう。

周りの人には「気にし過ぎだよ～！」と言われ、専門家には不安障害と診断される。そこで〝心に聞く〟が出てくる。

# 第2章　万能感が苦しみを生む

## 心の目で見る

〝心に聞く〟とか、今感じている不快感は他の人から伝わってきているものかも、といった私の記事や書籍を読んで「そんなの知っているよ！」と言う人がいる。

「自分の心に聞けばいいんでしょ！　そんなの直感で動くみたいなものだからいつもやっているし！」「人に影響されるのだってあたりまえじゃない！　自分一人で生きているわけじゃないんだから」

この「そんなの知っている！」とか「そんなのわかっている！」という思考が興味深いのだ。

「自分はわかっている。なんでもできる」という感覚を万能感という。実はこの万能感が働いているときこそ、人からの影響を受けているときであって、本来の自分自身とはかけ離れた存在になっている。

万能感が働いていると「そんな面倒臭いこと知りたくもない！」と思ってしまう。「自分が他人の影響を受けているなんて面倒臭いこと知りたくもない」とちょっとでも思ったら「お、来たな！」となる。

そこで「心よ！　私と心の間に邪魔がありますか？」と聞いてもらう（このときはこれを聞くことすら億劫になってしまう）。

もし答えが返ってこなくても「ほら～！　やっぱり心なんてないんだ～！」と言わずに「心よ！

誰が邪魔しているの？」と聞いて、次の瞬間に浮かんできた人を捕まえて「母親からの邪魔を排除してください！」と心にお願いしてみる。

そしてもう一度「心よ！　私と心の間に邪魔がありますか？」と確認して、浮かんできた人を「心よ！　祖父からの邪魔を排除してください」と繰り返す。

心に聞いて「もう邪魔はないよ！」と教えてくれたら「あれ？　さっきまでの万能感がない！」となるからおもしろいのだ。

私は子供の頃に親からも先生からも「心の目で見なさい！」と言われていた。「なんだ、それ？」とずっと思っていたが、「わかっている！」という万能感をもって心の目を閉ざしてしまう自分自身の体験から、初めて「こういうことだったんだ！」と腑に落ちた（30年もかかってしまった）。

脳のネットワークを通じて邪魔があると〝心の目〟で見られないのだ。でも、それは簡単に解消できる。心の目で見てみるとものすごくおもしろい世界が目の前に広がっている。

## 万能感の仕組み

アルコール依存症の治療では〝万能感〟がとっても大切なキーワードになっている。

お酒を飲みたくなるのは、ちょっとしたきっかけで、人から「見捨てられたかも？」と不安になったとき。お酒を飲むと、お母さんのお腹の中に入ったような温かい感覚になって〝見捨てられ不安〟が解消され安らかに眠ることができる。

そして「俺には見捨てられ不安なんかない！」「俺はなんでもできるんだ！」と〝万能感〟が湧いてきて「やってやるぞ〜！」と突っ走ってしまう。すると失敗して、冷たい目で見られている感覚になり「見捨てられ不安」が再び襲ってきて、また酒を飲むことを繰り返す。

アルコール依存症の治療で〝万能感〟が出てきたら要注意。アルコール依存症さんのミーティングでそれぞれの万能感について語ってもらうことにしたとき、和やかだった空気が一転してピリッとなった。参加者は「なんでそんな話をしなきゃならないだ！」と怒り出した。あんなに穏やかだったおじさんたちが「万能感」の一言で怒り出すから興味深い。

「万能感とは『自分がなんでもできる、そんなのわかっている！　そんなこと知っている！』という感覚。それがきっかけでお酒を飲んでしまうから、ここで万能感のことを語るのです」と説明すると、ますます「おりゃ〜！」とおじさんたちが怒り始める。

「そんなことわかっていりゃ！（チャキチャキの江戸っ子弁だけど、はい！　万能感いっちょ入りました〜！）」。

万能感でなぜ荒れてしまうのか？　まるで憑依されたように怒るので「脳のネットワークで邪魔が

入ってしまうのかも?」と考えた。〝見捨てられ不安〟を感じて「母親を自分の中に取り込みたい」という欲求から酒を飲むということは「脳のネットワークで母親とつながっている」と考えられる。母親を取り込んで眠って、酔いから醒めてから得られる万能感こそ、本人の感覚ではなく、母親とつながっている状態である可能性がある。

母親が子供のことを心配して世話をしすぎてしまうと、子供は「俺はなんでもできるんだ～!」と万能感を持ってしまう。万能感を持っているから「完璧にやらなければ!」「人よりも物凄く優れていなければ!」となってしまう。けれども実際は〝完璧〟なんてありえないので、何かをやる前から諦めてしまう。そして、何かをやって人よりも優れていないのが露呈するのが怖くて、何にも挑戦することができなくなる。

母親は「私がこの子を何とかしてあげなければ」と思っているが、「私が何とかしてあげなければ」という思いこそが〝万能感〟。その母親の万能感の感覚に憑依されて、子供が「俺はなんでもできるんだ～!」となっている。そう考えると興味深いのだ。

ダメな子供であればあるほど、親は「私が何とかしなければ」という思考になる。その心配を受けた子供の脳が親とつながり、その万能感から失敗を繰り返し、さらに親から心配されて、親と脳のネットワークでつながり続ける、という循環になってしまう。

親の脳につながって万能感でいっぱいの子供は、完璧でない他人への批判が止まらない。

「どうしてあいつは間違ったことを言っているんだ！」、「どうしてあいつは礼儀がなっていないんだ！」、「どうしてあいつは下手な文章を書いているんだ！」など次から次へと湧いてきて、相手のちょっとした間違いも受け流せなくなってしまう。自分が神のような存在で間違っている人を正さなければという感覚に陥ってしまう。それが親からの万能感であることに気づかず、「自分は正しい！」と確信してしまう。

## 混沌とした世界から凪の世界へ

親の万能感に憑依されると自由に生きられなくなる。

親が「この子を何とかしなければ！」とダメダメな子供を心配している状態は、子供にとっては、親の万能感に憑依されている状態だったりする。親が心配すればするほど、子供は勉強をしなくなる。親の万能感に憑依されて、心のどこかで「俺は凄い人間なんだ～！」と思い、勉強しなくなる。

親が「この子が社会に適応できるようにしなければ！」と思えば子供は働かなくなる。親の万能感に憑依されて「俺のすごさは一般人には理解できないから普通の職場では働けない！　すごい仕事でないとできない！」となってしまうからだ。

アルバイトを始めてもちょっと注意されただけで「この俺様に注意するなんて！」と万能感から人格を全部否定された気持ちになって「辞めてやる！」となってしまう。メンタルが弱いのではなく、受け流すことができないので、人との関係性を壊してしまうのだ。その元にあるのは万能感。弱いのでなくて〝凄すぎる〟のだ。

子供のことを心配している親も、その親の万能感に憑依されているから、それを止めることができない。

「万能感を捨てればすべてうまくいくのですか？」と質問されることがあるが、それが自分でできたらいいのだが、できないのだ。

失敗して弱気になり「俺はもうダメだ！」と謙虚になったように見えるときがあるが、必ずまた「俺はなんでもできる！」となる時期が波のように襲ってくる。

そこで認識を変えてみる。この万能感はあなたのものではない。脳のネットワークで伝わってくるもの。そう認識を変えてみる。そして、自分が頭で確信したことでも「もしかしたら！」と疑って〝心〟に聞くようになると、万能感に飲み込まれなくなる。

流されてくる万能感に飲み込まれなくなると、目の前にあんなに混沌とした世界が広がっていたのが一変して、凪の世界が広がっている。

## ■ある母と子の関係

ある子供が突然学校に行かなくなり「あんたのせいでこうなった！」「本当は凄いことができたはずなのに、どうしてくれるんだ！」と家で暴言を吐くようになった。

お母さんは泣きながら「私のせいで息子がこうなってしまった。私がもっと息子のことを理解していたらこんなことにはならなかったのに」と後悔していた。

私は「本当にお母さんのせいなのかな？」と疑い、お母さんの心に聞いてもらうことにした。

お母さんの〝心〟に「心よ！　私は子供のことを気にしている？」と質問をしてみた。

お母さんの〝心〟は「気にしてない！」と答え、お母さんと私はびっくりした。

「これは私が勝手に作っている答えじゃないんですかね？」とお母さんに聞かれたので「心よ！　私が都合のいいように勝手に作っている答えなの？」と聞いてもらうと、次の瞬間に「違う！」と頭に浮かんだとのこと。

お母さんは乗り慣れていないジェットコースターに乗ってしまったときのように固く目をつぶって相談室の椅子に座って心に聞く。

「心よ！　この〝子供が心配〟という感覚は誰から入れられているの？」

お母さんは再び「え～！」と言って、答えをすぐには教えてくれない。

「〝心〟は、子供が入れている、と言うんですけど～」と言われ、私も動揺した。

「心よ！　子供が何のために〝子供が心配〟を入れているの？」と聞いてみると「お母さんを支配するために子供が〝心配〟を入れている」と答えた。

「心よ！　子供がこうなったのは私（お母さん）のせいじゃないの？」と聞いてみると「違う！　子供が作っている幻想」とのこと。

「心よ！　だったら私は子供に対して何を感じているの？」

「何にも感じていない！」

お母さんは動揺して「うそでしょ！　そんなの！」と叫ぶが、口元は笑っている。

「心よ！　子供のことは心配する必要はないの？」と確認してみると「必要ない！　心配すればするほど自由を奪われてしまうから必要ない！」

「心よ！　子供のことが心配で居ても立ってもいられなくなったらどうすればいいの？」と聞くと、「子供から入れられたものだから子供に返してあげればいい！」と言う。

お母さんは「返しちゃって大丈夫なんですか？」と不安そうだったが、「心よ！　この子供に対しての不安感を子供に反してください！　返し終わったら教えてね！」とお願いした。

しばらくして〝心〟が「ハイ！」と言ったときには、お母さんはジェットコースターから降りた後のようにスッキリした顔をしていた。

「私、あの子に振り回されているってなんとなくわかっていたんです」とお母さんは笑顔で言った。

子供を見て不安になるたびに「心よ！」とお願いして返していくと、子供は一人で動き出すようになった。

私がまったく予測できなかった展開を〝心〟は見せてくれた。

## 万能感にはオリジナルがいる

職場までの道を歩いていたら、突然「仕事ができなくなってしまったらどうしよう！」という不安が襲ってきた。「貧乏になって惨めな生活を強いられて苦しみながら生きていく～！」という想像がどんどん膨らんできた。そこで、「心よ！　貧乏になるという感覚って私自身のもの？」と聞くと、「違います！」と質問が終わる前に、まるで私自身の考えのようにぱっと浮かんできた。

「心よ！　誰がこの感覚を入れているの？」と聞いてみると父方祖母の顔が浮かぶ。心に「そうなの？」と確認してみると「そうです！」と言われてびっくりした。祖母は、家が貧乏でおもちゃを買ってもらえなかった子供の頃、会いに行くたびにおもちゃを買ってくれた人で、私に対してはいつもニコニコしていて、悪い印象はまったくなかったので「え？」と思った。

「心よ！　祖母が私にどんな感覚を入れているの？」と聞いてみると「好き勝手にお金を使っているダメな子でいつか貧乏になる」と入れているとのこと。

「そういえば、祖母って陰で私のことをいろいろ言っていたんだっけ！」と思い出す。

「心よ！　祖母は誰かに万能感を入れられて、私を〝ダメな子だから助けなきゃ〟と裁くことをしているの？」と聞いてみる。

すると〝心〟は「違うよ！　誰からも入れられていない。オリジナルだから！」

万能感の元になる人がいると心は教えてくれた。万能感は親から受け継いでいるのではなく、その元になる人がいるようなのだ。

〝万能感〟は「自分はなんでもできる」と思ってしまうこと。「それの何が悪い！」と怒られるが、「なんでもできる！」というのは「神のごとくなんでもできる！」ということ。

「この子は無駄遣いをしているダメな子で、将来、貧乏という罰が与えられる！」という裁きを下しているのは神を演じていることになるから、まさに〝万能感〟になる。

その祖母の万能感を受けて、私は「自分の不幸な将来を予知できる」〝万能感〟にとり憑かれる。未来のことなど、まさに「神のみぞ知る」ことなのに、それが自分にもわかるという感覚にとり憑かれているのだ。

最悪な状況を嘆くことも、結局、「神にいちゃもんをつけている」ことになるので万能感にとり憑かれているのだ。けれども本人は「自分の感覚がすべて正しい」と思っているから、それに気づかないのだ。

## ■みんなと楽しく話ができない本当の理由

「会社のみんなは仕事ができて、楽しそうに交流して、そして出世していくのに私だけは出世できない。惨めな仕事をやらされ続けている」という女性がいた。

「尊敬できる人の真似をすれば脳が変わるかも！」と考え、「尊敬できる人はいますか？」と聞くと、「いません！」と即答した。

「子供の頃に尊敬していた人でも構いませんよ」と聞いてみても「いません！」という。

女性は、不幸な環境で育ってこうなってしまった運命を嘆き、この状況を変えることができない自分に絶望を感じていた。

「どうしてこんな状況になっているのか、一緒に心に聞いてみましょうか？」と言っても、女性は「そんなの聞いても無理！」と断言する。それでも何とか説得して、心に聞いてもらうことにした。

「心よ！　この絶望感は私自身の感覚ですか？」

すると〝心〟は「違います！　母親からだよ！」と教えてくれた。

「心よ！　母親はどんな感覚を入れてきているの？」と尋ねてみると「母親は、あなたは家族やみんなの不幸を背負って生きていかなければいけない」と入れていると答えた。十字架を背負った人のイメージが私の中に浮かんできた。

「心よ！　この感覚を入れられると、私はどうなるの？」と聞くと「自由に動けなくなる！」との答え。

「心よ！　私の魂は何を求めているの？」

「自由を求めています！」

そこで「心よ！　この自己犠牲的な感覚を母親に返してくれますか？」と聞いてみると、「いいですよ！」と答えられたので、母親に返してもらった。

すると、なにか軽くなった感じが女性から伝わってきた。

普通の人がこの女性の話を聞くと「なんで、会社の中でコミュニケーションを取る努力をしないいんだろう？」とか「なんで、出世するために点数稼ぎをしないの？」と思うはず。けれども〝万能感〟があるとできない。なぜなら〝万能〟だから「なんですか？　努力って！」となるから。尊敬する人なんていないるわけがない。

ただ、この万能感はその人自身の感覚ではなく、母親から入れられている感覚なので、そこから解放されたら、出世に必要な英語の勉強をコツコツするようになるから不思議。そして、女性は会社の同僚と適当に話ができるようになった。

「あ～、万能感があったから、下々の者と話せなくなっていたんだ！」

自分は劣っているから「みんなの輪に入っていけない」と思っていたのは違っていて「みんなの下世話な話が退屈でついていけない」と本心では思っていたことに気がつくのである。

## ■優しい〝心〟

不安や不満、怒りに満ちているときは、脳のネットワークで誰かの〝万能感〟に憑依されている可能性がある（万能感のオリジナルの方以外は）。

私の場合、未来のことが予測できて「貧乏になる～！」と結果を勝手に決めることができる万能感に取り憑かれて「不安だ～！」となっていた。

「貧乏になる～！」という惨めな状況を想像しているのだから万能感とは無縁だとずっと思っていたが、問題は〝貧乏〟よりも〝未来を見越せる能力〟で、貧乏の状況を脳内で勝手に〝創造〟する〝万能感〟にあったのだ。これも、〝心〟に指摘されなければまったく気づけなかったこと。

「なんでみんなは、そそこの努力で幸せそうに生きているのに、私はこんなに次から次へと不幸な目にあって苦しまなければいけないの！」と他者と比べて〝不満〟でいっぱいになるのも、世の中の仕組みや運命に対して不満を持ち「こんなの間違っている！」と裁いている時点で「万能感、いっちょ入りました〜！」となる。

なぜなら、その状況を与えている〝神〟に不満を持っていることになり、神に〝不満〟を持つことは、神と対等かそれ以上の存在である、という感覚を持っていることになるから。

怒りに満ち満ちているとき〝万能感〟に気がつきにくいのは、完全に〝万能感〟を入れてくる人の脳に憑依されてしまうから。でも、よくよく考えてみると怒っているときは「あの人は間違っている！」と、人の〝罪〟を裁いているのだから〝神〟を演じていることになる。

朝、ジョギングをしていて、平気で信号無視をしているのに、一時停止をしない車を見て「間違っている！」と怒る。「危ないじゃないか！」と言いながら「赤信号でいっちゃえ〜！」という自分がいるのはすごい矛盾だが、「間違っている！」の〝怒り〟に支配されているときは、万能感に憑依されているからその矛盾にまったく気がつかない。

万能感で〝神〟になっているから「間違っている！」と平気で頭の中で相手を処罰する。自分がそんなことで罰せられたら「なんて不条理なんだ！」と不満を言うくせに。この矛盾が〝万能感〟のなせる技なのだ。

「自分が不幸」とか「みんな不公平」や「みんな間違っている！」などの表面的な〝不快〟があるから「万能感という神的な甘味な力で酔わされて本来の自分自身の感覚ではない」ことに気がつかない。

でも「心よ！　この怒りは私自身の怒りですか？」と聞いてみると「違う！」と教えてくれる。

「心よ！　誰がこの怒りを入れてくるの！」と確認してみると、心は「あの人だよ！　あの人！」と教えてくれる。

「心よ！　どんな感覚を私に入れているの！」

「間違ったことをすると、あなたは不幸になると入れている」

「心よ！　一時停止をしなかった相手に対して怒りを入れているんじゃないの？」

「あなたを裁く万能感を入れられているから、あなたが人を裁いて怒りに満ち満ちているだけ」

「心よ！　この怒りをあの人に返してください」

「いいよ！」

するると不思議な感覚。あれ？　いつもだったら、走っている間はずっとあの車のことが頭にあって、ぐるぐる考えちゃって嫌な気持ちがずっと消えないいんだけど、それがない！　どんだけ自分はあのとり憑かれた怒りで大切な時間を無駄にしていたんだ～！　と怒りを覚える。

「いけないいけない！　心よ！　この怒りは私自身の怒りですか？」

「そうだよ！　それは万能感の人たちを斬る怒り！」

「へ～！　心よ！　やっぱり聞かなきゃわからないものですね～！」

「いつも、一緒にいるから」

その〝思考〟が浮かんできたとき、なぜか涙が溢れてきた。

## どっか～ん！

アルコール依存症の治療でも万能感の威力に感動している。

アルコール依存症の家族の人が「私がこの人の依存症を何とかしてあげなければいけないんです！」と、ミーティングでみんなの前で語っているとき、当の患者はお酒を飲みまくっている。

依存症は病気。その病気を愛の力で治せるというのは「神～！」となる。その〝神の力〟に依存症本人が脳のネットワークで感染したときに「俺は自分の力でお酒なんかコントロールできる～！」となる。そして飲んで暴れて、家族は「ヒエ～！」となることを繰り返している。

依存症の家族の人も、その親から「あんたの教育が悪いから旦那が依存症になった！」と頭の中で裁かれていたりする。

「あんたが悪いからこうなった！」というのは〝善〟と〝悪〟の判断になる。善悪の判断をできるのは「神のみ！」だから、万能感で子供を裁いていることになる。裁かれた子供は親の万能感に憑依されて「私が何とかしてあげなければ～！」と〝万能感〟に振り回されてしまう。

なかでも一番興味深かったのは、援助者の万能感だった（援助者とは医者、看護師、保健師、心理士、ケースワーカーなど）。

「私がこの患者さんを何とかしてあげなければ！」と誰から見ても熱心な治療関係者がいると、そのターゲットになった患者は、やっぱり「どっか～ん！」となってしまう。ターゲットにされた患者が「自分で飲酒量をコントロールできる」という〝万能感〟にとり憑かれるのは、治療関係者の万能感に憑依されてしまうから。

あるとき、クリニックで依存症さんの知能テストを実施しようと名前を呼ぶと「嫌だ！」とごねていた。すると、熱心な援助者が横から「かわいそうじゃない、止めなさい！　私の許可もなく！」と入ってきた。私は、この援助者に「イラッ！」とした。

仕事の邪魔をされたから苛立っただけではなく、この援助者の万能感に憑依され「何を勝手なことを言っているのだ！」と相手を裁くから、怒ってしまう。

「この精神状態は危険！」と思って、その援助者から離れた。すると、その援助者は守ってあげた患者に、外で食事をさせた。「お酒ばかり飲んでまともなものを食べていないから」と。

何度かそんなことがあって、やがて患者は部屋の中で一切お酒が必要ない姿になった。

万能感のオリジナルの人と一緒にいると妙な罪悪感が湧いてくる。この素晴らしい援助者と険悪なムードになった後に「何とかこの人との関係を修復しなければ」と不安に駆られた。自分が距離を置いたことで悪いことをしている感覚に陥ってしまうのは「私がこの関係を修復できるのにしていない」という万能感に駆られているせいかもしれない。

「心よ！　そうなの？」と確認してみると「そう！」と返ってくる。やっぱり、心に確認しなければわからない。

「そんなことわかっている！」と思っているときこそ、万能感に憑依されている可能性があるから確認するのだ。万能感は忌み嫌うものでも恐れるものでもなく、「それは私のなの？」と〝心〟に確認するもの。それで違ったら、〝心〟にお願いして、送り主に返してもらえば、自由に生きられるようになるのだ。

## 万能感の暗示を解く

「勉強に集中できない」と、学生さんが母親に連れてこられた。学生さんはネットやゲームをだらだらやって勉強せず、学校の成績がひどいとのこと。隣にはお母さんの目が「キラリん！」と光っている。

「これも言わされているんだろうな～！」と心の中で思いながら「どうなりたいのですか？」と質問する。

「いや！　勉強に集中できるようになりたいと思っているんですけど」と学生さん。（「いや！」って回答の始めにつけるのは無意識の否定形だから「本当はそう思っていないでしょ！」となる）。

「勉強に集中できない」というお題だと、ものすごくたくさんの原因が考えられる。注意欠陥障害、学習障害、適応障害、内分泌ホルモンの問題、栄養の問題、回避性人格障害の問題などなど。けれども、お母さんの厳しい目が気になったので「心に聞こう！」と提案してお母さんには外に出てもらった。

学生さんは「それって催眠ですか？」と興味津々。

「ま、まあね！」と言いながら「心よ！　私と心の間に邪魔がある？」と聞いてもらう。

「お母さんの顔が浮かんできたんですけど」と教えてくれたので、母親からの邪魔を排除してもらい、「心よ！　僕は勉強に集中できないの？」と聞いてみた。

するとᐟᐟ心ᐟᐟは「集中はできる！」と教えてくれた。心とこんなやりとりをした。

「心よ！　でも、普段の勉強は集中できていないんじゃないの？」

「ゲームにはあれだけ長時間やってても集中できているでしょ！」

「心よ！　なぜ、勉強には集中できないの？」

「だから、集中はできる！って言っているでしょ！」

「心よ！　だって勉強はできていないじゃないですか！」

「勉強はできる！　だから、する必要がないだけ」

「心よ！　何をやればいいか、最初からわかっているから、やる必要がないだけなの？」

「そうです！」

自分の能力がどれぐらいで、何をどれぐらいやったらどうなるか、やる前から知っている〝万能感〟があって結果が見えているので、「勉強をする必要ない」ということ。

「心よ！　〝やる必要がない〟という感覚は私の感覚なの？」

「違う！」

「心よ！　誰のですか？」

「母親！」

「心よ！　本当の私は何を求めているの？」

「自由を求めている！」

「心よ！　ゲームをすることが自由じゃないの？」

「本当にしたいことじゃない！」

「では心よ！　どうしたら本当にしたいことがわかるの？」

「母親が入れてくる感覚と自分の感覚を分ければいい」

「心よ！　具体的にどうやってそれをやればいいの？」

「そこにある感覚に浸ってみれば、自分のかどうかの区別がつくから」

〝心〟は、「勉強しなきゃいけないのはわかっているけどゲームのことが気になって集中できない」と思ったら、その感覚に浸ればいい、と教えてくれます。「繰り返し〝勉強しなきゃいけないのはわかっているけどゲームのことが気になって集中できない〟と頭の中で唱えるだけで自分のものではないと気がつくから」と教えてくれた。

心に聞き終わった後に、学生さんと一緒に実験をしてみたら「あれ？　唱えていたら、母親の顔が浮かんできて、さらに唱えたら、いつの間にかあの焦りの感覚がなくなった」と教えてくれた。

「勉強は嫌だけどやらなきゃいけないという、あの焦る感覚が嫌で居ても立ってもいられなくてゲームをしちゃってたんだよな〜！」と。

次に会ったとき、学生さんが「俺って勉強好きなのかもしれない！」と言った。

「ゲームがしたい」という気持ちになっても、「ゲームがしたい」と繰り返し唱えていると〝母親の顔〟が浮かんできて「うわ！　これ、母親の感覚なんだ、気持ち悪い！」となってゲームをしたくなくなるんだよね、と教えてくれた。

心理学的に見ると、「ゲームばかりしてちっとも勉強しない！」と繰り返し母親が言っていたことが、学生さんへの〝暗示〟になっていた可能性がある。そこで、その感覚に浸ってみると「自分のではない！」となって、暗示から解かれたのだ。心ってすげ～！　と改めて思った。

## 万能感で自由が奪われる

アルコール依存症になると「俺は自分の力で酒の量をコントロールできるぜ！」と万能感にとり憑かれてしまう。この万能感は、依存症者の病気を愛の力で変えることができると思っている家族や治療者の万能感に依存症本人が憑依されることで、酒にも万能感にも酔って、自由が奪われてしまう。

自由が奪われるって、どういうこと？

好きなだけ酒を飲むことが本人にとっての自由なのでは？　ゲームだって、インターネットの動画でも、好きなだけやり続けることが自由じゃないの？　と思うかもしれないが、そうではない。

アルコール依存症さんが集まってみんなでお話をするミーティングで、自分の順番が回ってくると必ず「何も変わりありません！」と言う人がいた。その「何も変わりありません！」を聞くと、私はイラッとする。

そこで「心よ！　この苛立ちって私の？」と聞いてみる。すると「違うよ！」と教えてくれる。

「心よ！　誰の？」と聞くと「あの患者さんの～！」と教えてくれて「ホッ！」とする。

「変わらない！」という〝言葉〟で変わらない現実を作り出しているだけ、と〝心〟は教えてくれる。

万能感に憑依されているときに「何も変わらない！」と思ったり、言ったりすると、本当にそれが実現する。万能感に憑依されているとき、周囲に対する裁きの怒りもバリバリになっている。

「なんであの人だけうまくいっているんだ！」とか「なんで、みんな自分勝手に生きているんだ！」などの怒りでいっぱいになっているから、ろくな思考が出てこない。そんな思考で発した言葉が現実になるとは、恐ろしいこと。

そこで「心よ！　なんとかできないの？」と聞くと、「So be it!」と浮かんできた。訳すと、そのままでいい、とか、好きにさせればいい、という意味。

「そうか、自分が何とかしなければと思うのも、私があの人の万能感に憑依されてのことなんだ」

万能感に憑依されることで、〝変化する自由〟が奪われてしまうのだとそのとき、心が気づかせてくれた。

万能感だから「神的～！」になっており、神は完璧だから変化する必要はない。「変わりたい！」と思っていても、万能感に憑依されていると「変わらない！」と断定する。

人が生きていて、日々変わらなかったら奇跡である。シャツを見ていて思う。あんなに好きだったシャツも毎日着ていると、生地が薄くなって着られなくなる。シャツ1枚だってそうなのだ。そんな現実のなかで、変わる自由が奪われると、ものすごく不自由になる。

## ■嫌われていても関係ない！

ある女性が「女性関係の中に入ると必ずいじめられたり、嫌がらせをされてしまう」と言う。初めのうちはいいが、慣れてくるとだんだん嫌味を言われたり、露骨にダメ出しをされたりする。「他の人にはそんなこと言わないのになんで私には～！」という感じ。「どうしてなんですかね？」と質問をされた。

普通の人は、相手がレベル1緊張していたら、こちらもレベル1の緊張で返す。するとお互いの緊張が打ち消されて「仲間～！」となる。相手がレベル3の嫌味を言ってきたら、レベル3の嫌味で返せば「仲間～！」になる。

この女性の場合、父親が酒を飲んで帰ると、小学生の彼女を呼びつけて夜中の2時まで寝かせずに説教をしていた。ほとんど毎日それをやられていたので、学校では起きていることができずほとんど寝ていた。

そんな環境で育ってしまったのでレベル3の嫌味に対しても「父親のあれに比べたら大したことないや！」とレベル0の無反応で返してしまう。するとレベル3を無視された相手は「ムカつく～！」とレベル6のダメ出しをしてくる。それに対してもレベル1で返してしまうので「何この人～！」となって、今度はレベル10のストレスを与えて相手は「自分と同じ人間なんだ！」という反応をさせようとする。

この説明をすると「それです、それ、それ！」と喜んでくれたが、私には違う意図があった。

一緒に〝心〟に聞いて確かめてみましょう、と提案した。

「心よ！　人とのコミュニケーションで私に問題がありますか？」

すると〝心〟は「問題はまったくない！」と答えた。

「心よ！　ではなぜ相手はあんな嫌がらせを言ってくるの？」

「相手があなたを嫌っているだけだから気にする必要はない！」とのこと。そして〝心〟は「距離を置いたほうがいい友達ぐらいに思っておけばいい！」と教えてくれた。

「え～！　〝心〟ってなんてドライなんだろう！」と思った。確かに、嫌われていたって関係ないんだよなと、目からウロコだった。

嫌われているのを何とかしなければ！　と思うのが万能感かもしれないと気づかされたのだ。

## 心はドライだね！

## 上から目線になってしまう

「ただ嫌われているだけ！」と〝心〟が教えてくれて、私自身が楽になった気がした。

子供の頃「あの人から嫌われているかもしれない！」と思うと、涙目になって「何とかしなければ～！」と、おろおろしていた。

「すべての人から好かれなければ！」というのがそもそも〝万能感〟。万能感に憑依されて「何とかしなければ～！」と余計なことをやっていた。近づかなくていい人に近づいて行って痛い目にあっていた。

痛い目にあわされて、相手を心の中で裁いて、〝裁く〟で再び〝万能感〟に憑依されて、という素敵な循環だった。そんなことを繰り返しているうちに「人から馬鹿にされて、いじめられるダメな人間」というキャラクターが私の中でき上がって「私はここから抜け出せないんだ～！」となっていた。

我に返って、再び女性の〝心〟に質問をしてもらった。

「心よ！　私が人との関係で何か気をつけることってある？」

すると〝心〟は「もっと女性らしさを出したら？」と答えた。

「？？？」意味がわからなかった。

心よ！　女性とのコミュニケーションで「女性らしさを出したら」って、どういうこと？

「何も考えないで、思ったことをそのまま相手に伝えちゃうこと！」

「あ！　そっか！」と女性。

その女性は、女の人が感情的に話す姿が嫌いで、それをしないように、自分の中に浮かんだ感情をいったん自分の中で「そんなに感情的になる必要がないよね」と処理してから会話をしていた。

「それが相手からすれば上から目線で裁かれている感じがして、カチンときて、攻撃的になってくるのだ」と女性が言った。

私も学生の頃、同じ経験があった。

友達が「馬鹿野郎！」と言ったり、下ネタを言うのを聞いていて「嫌だな！」と思っていた。

「自分はあんな汚い言葉は使わない」と言葉を選んで話していたら「お前！　格好つけてんじゃねえよ！」といじめられた。

「汚い言葉を使わないようにしているだけなのに、なんで？」と思っていたが、「この人のようにならないように！」と思っていること自体、相手を裁いているわけで、その態度で怒りを買っていた。

〝裁く〟のは神のみがすることだから〝万能感〟に憑依されていることになる。〝万能感〟に憑依されているから、〝孤立〟する方向に行ってしまう。

再び、女性の〝心〟に質問する。

「心よ！　感じたことをそのまま出すことが女性らしさを出すことなの？」

「そうだよ！」

「え～！　それはできない～！」と女性。

この女性は〝女性〟が条件で〝万能感〟に憑依されるので「できない！」という反応になるのだ。

## 蛇ににらまれたカエル状態になる理由

〝女性〟に〝万能感〟が条件づけられ憑依され「素のままの私でいられない」という仕組みは興味深い。

私にも似た経験がある。私の場合は、不良とかヤンキー（私の時代では）と接触すると、緊張してまるでロボットのような喋り方になっていた。

前著（「あなたを困らせる遺伝子をスイッチオフ」）にも書いたが、ヤンキーの脳と私の脳は同じタイプで、目を見た瞬間に脳に「ビビビ！」と電気が走り、私は蛇ににらまれたカエル状態になる。怒りと恐怖は、両方とも脳の扁桃体という部位が関わり、表裏一体だから互いに反応しているのは同じ。ヤンキーの方は「ビビビ！」で「何だこの野郎！」となるが、私の方は「恐怖で固まる」という表現になる。

〝心〟にこの「ビビっちゃう！」現象の理由を聞いてみると、また違う世界を見せてくれる。

母親の〝万能感〟に憑依されていた私が「神」になって「不良の態度は間違っている！」と心の中で裁いていた。自分では「恐怖で固まっている」と思っていたが、実際は「この不良のように汚れた姿にはなるまい！」と汚染されないように身を固めて守っているだけだった。それが脳のネットワークを通じてヤンキーにも伝わってしまうので、相手を怒らせることになっていた。

私の場合、〝不良〟に〝万能感〟が条件づけられていた。この女性の場合は、〝女性〟に〝万能感〟が条件づけられているから「高尚な存在！」になってしまって「そのままの感情なんて汚くて出せない！」という上から目線の態度になり、いじめられることにつながっていた。

## 万能感から解き放たれて輝く

〝女性〟と話をするときに「感情をそのまま出すなんてできない！」と言う女性に対して〝心〟は「感情のままに話してみればいい！」と無茶ぶりをする。

「え～！　だって～！」と女性は駄々をこねる。

そこで〝心〟に誰の感覚かを聞いてみると、〝心〟は「母親からの感覚です」と教えてくれた。

女性は「あ、そっか！」と気がついた。

働きもせず、酔っ払って娘をたたき起こして夜中の2時まで説教をする父親を母親は止めなかった。感情的になって偉そうなことばかり言っている父親に対して、母親はただ冷たい目で見ているだけだった。そんな父親に対してうまく立ち回れないでいる女性に対しても冷たい目線だった。

感情的になって怒りながらも何もできない父親を軽蔑している感覚があるから、自分も母親から嫌われるのが怖くて「感情が出せないってなっているのかな？」と言ったので、心に確認してみた。

すると〝心〟は「嫌われるのが怖いのでなく、感情的になる醜い存在を軽蔑する母親の感覚に乗っ取られているだけ！」と教えてくれた。

「心よ！　この〝人前で感情を出せない〟という感覚はどうしたらいいの？」

すると〝心〟は「私を通して母親に返しちゃえばいい！」と教えてくれたので「心よ！　この感覚を母親にお返しください！」とお願いして「心よ！　返し終わったら教えてね！」と言っておく。

〝心〟が「大丈夫だよ！」と言ったとき、女性の表情が変わっていた。

さっきまで「感情なんて出せない！　できない！」と駄々っ子のようだったのが、憑き物が取れたように凛として目の前に座っていたのだ。その目力が眩しく感じられた。

すごい、これが本来の姿なんだ！　感動した。

〝万能感〟を持っている人が「輝いて見えるのかな？」と思っていたが、そうではなかった。

〝万能感〟から解き放たれたときの方が輝いていた。

# 第3章　苦しみの起源

## 誰のために苦しみはある

パニック障害で悩んでいるある奥さん（Aさん）が相談にきた。パニック障害は、突然激しい動悸などを伴う猛烈な不安感に襲われる障害。旦那さんの浮気未遂をきっかけに頻繁に起こるようになったという。

Aさんは泣く子も黙る厳しい職場で長年働いてきて、その職場で相当ないじめにあっても耐えてきた精神的に強いと思われる人。

Aさんの母親は夫から暴力を受けていて、Aさんも何度か父親から暴力を振るわれて怖い思いをしたことがあった。父親は浮気をして家から出て行き、母親が苦しんでいるのを見ていた。

トラウマ理論では、Aさんは旦那さんの浮気をきっかけに母親の苦しみが蘇って、それがパニックの元になっているのでは、という仮説が立てられる。

とりあえず「父親からの虐待のトラウマ」の治療をしてみると、Aさんの発作は徐々に少なくなってきた。すると、いきなり旦那さんが登場してきた。

旦那さんはAさんの症状を詳細に、「あんたが原因やろ！」と突っ込みたくなるぐらい、面白おかしく説明してくれた。そして「実は、僕もパニックの発作があるんです」と言い出した。

Aさんが発作を起こす前から頻繁にあり「仕事が続けられなくなってしまうかも？」と不安になっ

ていたという。Aさんがパニック障害を発症したのは、旦那さんの仕事が一番大事な時期だった。旦那さんはAさんの発作を見ることで、自分自身の発作を客観視することができ、コントロールできるようになった。もしAさんが発症していなかったら、旦那さんは仕事を続けられなくなったかもしれないという。

ということは、「奥さんの症状は旦那さんのためにあった！」ことになる。

そこで「旦那さんのためにパニック発作を起こしたの？」と〝心〟に聞いてみた。

すると〝心〟は「違うよ！　母親から入れられている」と教えてくれた。

「心よ！　母親からどんな感覚を入れられているの？」

「父親もあなたの旦那も罪深いあなたのせいでおかしくなるから、私が罰を与えてあなたを救う！」

と心は答えた。

「あなたのせいでこうなったのだから、そこから逃げたら立派な人間にならないでしょ！」というのが〝万能感〟を持った親の考え方になる。だから、立派な人間になるために、罰としてその苦しみを耐えなさい！　という論理が〝万能感〟では成立する。

Aさんの母親は「私もその苦しみを耐え抜いたのだから、あなたも耐えて立派な人間になりなさい！」とAさんに入れていた。

〝立派な人間〟とは、Aさんの母親の思考パターンから読み取ると「〝万能感〟を持った人に従順になること」になる。どんな苦しみの中でも従順でいること。〝万能感〟に乗っ取られると、それが「美しく甘美なもの」に思えてしまうから興味深い。

母親の〝万能感〟に乗っ取られたAさんは「自分を犠牲にして旦那を助ける！」という体になっていたが、このAさんの〝万能感〟を脳のネットワークで受けて〝万能感〟バリバリになった旦那さんは「俺はキングだ～！」と浮気をするという循環になっていた。

そんな構造がわかったところで、Aさんの心に「心よ！　私は本当は何を求めているの？」と聞いてみた。

「自由！」が答えであった。

## 家族を救う立役者はガリガリ

自分が症状を引き起こして家族を救う、というケースはたくさんある。

仕事一本の人生で家族の気持ちを大切にして来なかった父親が退職後、家族からも、社会からも必要とされなくてうつになったケース。うつになるのは、「必要とされない」という単純な理由ではなく、人とコミュニケーションを取ってストレスを発散する手段がなくなることから始まる。

ストレスがたまるとは？　ストレスとは、単純に言えば〝怒り〟になる。仕事をしていなくても、ニュースを見れば「お隣の国が」とか「市場の移転問題が」などイラッとするけど、自分ではどうすることもできない情報がたくさん流れてくる。その〝イラッ〟がストレスとして脳に逐電され過ぎてしまうと「眠れない」とか「途中で起きちゃう」となる。そしてうつになる。

仕事をしていると、人とコミュニケーションを取ることで〝ストレスが溜まった人〟と〝同じようにストレスを溜めた人〟が接触することで中和される。

「お～、君もよくやっているよね～！」と言ったり言われたりで気分がすっきりするのは〝共感〟が起きるからで、そのときに脳内では脳のネットワークで相手の脳につながることで逐電したストレスが打ち消し合う。

〝雑音で雑音を打ち消す〟的な現象が起きている、と考えられる。大きな職場でたくさん人が集まっていればいるほどストレスの中和度は高くなる。

大きな職場に所属していれば、その集団の脳のネットワークに接続しているだけでストレスが中和されたり、逆に溜まったり、という現象が起きる。そんな職場で仕事をしていた人が退職後、ストレスをどのように中和したらいいのか？　という問題になる。

家族間でコミュニケーションがちゃんと取れていれば発散できるが、それができなかったらうつになる可能性が出てくる。父親がうつになると、家族も影響を受けて、奥さんもうつになる。うつの旦那さんの面倒を看る体で、その症状は表面化しなくても確実に奥さんの脳をむしばんでいく。そこで、娘さんが登場する。

家族とうまくコミュニケーションが取れなくて、うつになってしまう可能性がある父親に対して、娘さんは身を挺してそれを阻止しようとする。

「ダイエットをしよう！」ということから始まって、ガリガリに痩せてしまうが「まだ、太っている！」とさらに痩せようとして摂食障害になる。

母親は、そんな娘を見て「自分の育て方が悪かったからこんなになってしまったのかしら？」と悩む。

苦しんでいる妻、ガリガリに痩せている娘を見て、父親は初めて「家族を養うために必死で働いてきたと思っていたけど、結局家族のためになっていなかった」と気がつく。そして「何とかしなければ！」と思う。

でも、父親は家族という小さな規模のメンバーの一員としてストレスを発散し合う役割が担えない。自分が変わらなければとは思っても、どうすればいいのかわからない。そんなときに、妻に笑顔で接したときに娘の緊張が緩和した、という体験をする。

「お！　娘に対してでなくて、妻に対してアプローチすることで娘が変わるんだ！」

父親が母親に感謝の気持ちを表現するようになり、笑顔で家のことを積極的に手伝うようになったときに「娘がちゃんと食べるようになった！」という奇跡が起きる。

父親が母親と会話をするようになって、母親と共感すればするほど、娘が元気になっていく。母親のストレスが緩和されたから娘の症状に変化が見られた、とも思える。でも本当は父親が家族の中でしっかりとコミュニケーションが取れてストレスが発散できるシステムを構築することができたから娘さんの症状が必要なくなった、ということ。

これまでの症状はすべて父親の将来のためであった。娘はそれを心のどこかで知っている。

## ■「苦しい！」と思ったときは心に聞け

電車に乗っていると周りの人の気持ちを考えてしまう。スマホをいじっているサラリーマンを見て「この人はゲームのことばかり考えて仕事ができない人なのかな？」「どうして、そんなにゲームをやるんだろう？」とか、その人の心情まで考えてしまう。

「嫌なことから逃れるためにやっているのか？　それとも単にゲームが好きなのか？」

さらにはその人が母親に「ゲームなんて止めなさい！」と言われている姿まで想像され、苦しくなってくる。

人の中に入ると、ちょっとした人の表情から相手の気持ちを察して、その人の苦しみ悩みを探ってしまう。なんでこんなことをしてしまう？

幼い頃から、いつも不機嫌だった親の顔色を見ながら生きてきた。3歳の頃、父親が借金苦から一家心中を図ろうとしていたところ「自殺したら地獄に行くんでしょ！」と幼い私が父親に言ったという。人の顔色を見て、その気持ちを察することで生き残ったから、それが身についてしまったのか。カウンセリングの仕事をしているからではない。この癖は子供の頃からあったのだ。

人に注目を向けていないとうつ状態になってしまうので、それを回避するために人の人生を考える。この考え方は自分の中ではしっくりきたので、それが本当なのか、心に確認してみることにした。

「心よ！　私はうつを回避するために、人の人生を考えてしまっているのですか？」

〝心〟は「違う！」と答えた。

「心よ！　だったら、この、人の人生を考えちゃうって私自身がやっていることなの？」

「やらされていることであなた自身の感覚ではない！」

「心よ！　誰にやらされているの？」

「祖父にやらされている」

その瞬間、私の中でパッと情景が浮かんだ。人の真っ暗い人生を作り出して、それを自分が救わなければと一生懸命にもがいている姿。

「うわ！　自分って万能感バリバリなんじゃない！」と一瞬、そんな自分が気持ち悪くなった。

でも、〝心〟が「だから、それはあなた自身の感覚じゃないよ！」と優しく教えてくれた。

自分の頭の中で原因を考えてしまうと気分がどんどん底まで落ちてしまう。けれども〝心〟に聞いてみるとその苦しみからどんどん解放されていく。

そんなときに、ものすごい不安が襲ってきた。

「もしかして、このカウンセリングの仕事も〝万能感〟に憑依されてやらされているのかも？　そうなら、みんなの迷惑になるから仕事を変えなければいけないかも？」

すると〝心〟は「あなたはこれまで苦しいときは必ず私に聞いてきたでしょ！」と言ってくれた。

え？　この職業になりたいと思ったのは高校生の頃だけど、そのときの記憶がない。ちょっと不安になる。

大学生のときに、専攻を心理学から宗教学に変えようとしたことを思い出した。あまりにも心理学の授業が難しくて「もうダメだ！」とすべてを投げ出し、得意だった宗教学に変えてしまおうと決断したとき、ものすごい苦しみに襲われ、寮の壁を殴りながら「心よ！　私は心理学を諦めた方がいいですか！」と聞いた瞬間を思い出した。

あのときも確かに「心よ！」って聞いていたっけ。その後の記憶が抜けていて、いつの間にか心理学の専門に戻って、卒業した場面が浮かんできた。

その後も何度もあきらめそうになって苦しくなって「心よ！」って聞いていたんだっけ、とその場面が次から次へと浮かんでくる。常に〝心〟は共にいてくれた。

自分一人で考えて決めてきた！　と思っていたけど違っていた。

そのときに気がついた。

「苦しい！」と思ったときが、〝心〟に聞いたほうがいいときなのだ、ということを。

心よ！　と問いかけて確かめてみると、心はさらりと「そうだよ！」と答えた。

## ■苦しみを与えているのは心なのか？

「人の気持ちを考えちゃうから苦しい！」という悩みを人に話せば「考えなきゃいいじゃない！」と簡単に言われてしまう。なぜそれが苦しいのか？　どうして苦しいのに止められないのか？

心は「なるほど！」という答えをくれる。心は、私が感じていた〝苦しみ〟が「本来の自分じゃない自分になっている苦しみ！」であることを教えてくれた。

私は「他人を暗闇の人生から救う！」という〝神的〟な思考にとり憑かれていることが〝不快〟で「苦しい！」と感じていたのだ。人の苦しみを見て、自動的に「救わなきゃ！」思ってしまう〝万能感〟に自分が封じ込められていることが〝不快！〟だったのだ。

だから周りから理解されなかったんだ、と納得した。

これまで「苦しい！」ときは、常に〝心〟に聞いていた（無意識で）。そのたびに、心に進路を修正してもらっていた。ということは、心が苦しみを与えて「そっちは間違った方向に進んでいるよ！ダメだよ！」と教えてくれているのか？　そうではない。

心が私に苦しみを与えているのではなく、本来の自分で生きられないことが最大の苦しみなのだ。

私にとっては「他人の人生のことを考えながら生きる」という〝万能感〟は、私自身のものではない。でも「人を救わなければ」という〝万能感〟に乗っ取られていたので、その感覚から逃れられずにいた。

心にそれは「自分のものではない！」と教えてもらったときに、〝万能感〟から解放されて〝自由〟になれた。

苦しみは本来の自分で生きられなくなったときに感じる感覚なのだ。

「この苦しみを何とかしなければ！」と自分で何とか処理しようとしていた状態こそ〝万能感〟。自分の〝心〟に頼ることが、万能感から解放された状態。

「自分の力で何とかする」から解放されて〝心〟に聞いて委ねてみることで、私は自由を感じられた。

## 人間関係の問題

大企業の役職についている男性が「人間関係で困っている」という。妻の問題、上司の問題、そして部下の問題へと話が飛んでいく。

男性は一生懸命に妻に尽くして、さまざまなことを犠牲にしているのに、妻は突然怒って男性を怒鳴りつけ、一晩中説教をする。「酷いでしょ！」と男性は言う。毎週のようにそれをやられて男性は睡眠不足のよう。

「なんで奥さんはそんなに怒るんですか？」と聞いて、やっと聞き出すことができたのはこんなこと。

前から約束していた時間に、会社の人との飲み会が入ってしまった。でも、妻に言って不機嫌になられるのが怖くて直前まで言えず、その日になってからメールで「ごめん！　会社の飲み会が入っちゃった！」と伝えた。なぜか前から決まっていた飲み会なのに直前まで言えなかったことがばれてしまい、家に帰ると、怒鳴りつけられ、明け方まで説教をされた、とのこと。

男性の気持ちはよくわかる。不機嫌になられるのが怖いから言えないんだよな～！　でも、怖がってちゃんと伝えないと後で大変なことになるんだよな～！　まるで自分のことのように感じられて頭を抱える。

会社でも同じようなことが起きる。

上司から「これをやっといてくれ！」と頼まれる。男性は心の中で「これは僕の仕事じゃないでしょ！」と思うが、それを言えずに「わかりました！」と言ってしまう。

部下の面倒などやらなければいけないことは他にたくさんあるので、日々の仕事の時間はあっという間に過ぎてしまう。数日後、上司から「お前、あれをやったのか？」と言われて「いや～！　部下の問題がいくつも起きてしまって、それに時間をとられてしまって～」と言ったところ上司から怒られる。

「なんでお前はいつも言い訳ばかりしているんだ！　そんなフラフラした態度だから部下がお前の言うことをちゃんと聞かないで問題を起こすんだ！」と、延々と説教をされる。

部下は部下で「この会社のシステムは間違っている！」と勝手なことを言ってくる。

「なんでこんな非効率的なことをやらなければいけないんですか！」とか「私は地方出張に行きたくありません」と言ってくる。男性は「お前、そんなこと言ったってな」と思いながらも「ふん、ふん、そうなのか」と部下の話を聞いてしまう。すると部下は「聞いているだけじゃなくてちゃんと行動してくださいよ！」と生意気なことを言ってくる。

「そうだよな！」と反省した表情で答えると部下は調子に乗って「僕らばかり残業をしてあなたはすぐに家に帰っちゃうじゃないですか！」と言われて、なにも言えなくなる。

男性の気持ちはよくわかる。家では妻に責められ、会社では上司と部下に責められ板挟み。

どうすりゃいいんだ？　こりゃ！

## “嫌われちゃう”は自分の感覚ではなかった！

奥さんが怒るのが怖いから「僕が何とかするよ！」と軽く約束をしてしまう。上司や部下に飲み会に誘われたら、みんなから仲間はずれにされるのが怖いから「いいですよ、行きましょう！」と言ってしまう。

上司から頼まれたことは「怒られるのが面倒」とか「上司の評価が下がったら今後大変」と思って断らない。でも、いつまでたってもやる気になれず、結局上司から怒られる。

部下の愚痴は聞くには聞くが、上司から怒られてばかりだから自分が部下を代弁して上司に主張するなんてこともできない。調子のいいことばかり言って何も仕事ができないダメ人間と部下から思われているのは何となくわかっているが、自分では何もできないことがわかっている。

男性の奥さんから言わせれば「嫌われるのが怖いから、周りのことを考えないでその場その場で調子のいいことばかり言ってしまう卑怯者！」となる。

元々奥さんと約束をしていたのに、会社の人に言われたら、その約束を簡単に反故にする。そんなことをされたら「私は大切にされていない！」と思って当然となる。

でも男性は普段は、奥さんが怒るのが怖いから、できるだけ残業をしないで、仕事は部下に任せて帰っている。だから家族を優先していると思うのだが、その一発の反故で「やっぱりあなたは家族を大切にしていない！」となってしまう。中途半端な気持ちで家族を優先して残業もせずに帰っていると、部下からは「自分のことしか考えないダメ上司」と見られてしまう。

嫌われたくないから、〝いい人〟を演じているのに、〝いい人〟を演じれば演じるほど逆にみんなから嫌われていく。

〝いい人〟は「みんなの幸せは私の幸せ！」という精神で人に接する。でも、根底に「嫌われたくないからそれをする！」があると、その精神が決して役に立たない。なぜなら〝嫌われるかも？〟と思っているときは「妻が自分から去ってしまい、自分は孤独になる」という恐怖に支配されており、〝幸せ〟のイメージのカケラもないから。「みんなの幸せ」は〝嘘〟となってしまう。

部下から陰口をたたかれ、馬鹿にされていて、部下の幸せなんて願えるわけがない。上司からは「口ばっかりで何もできないダメなやつ！」と思われているのがわかっているのに、上司の幸せなんてイメージできるわけがない。

だから、いくら自分を犠牲にしてみんなのために尽くしていると思っていても「この、偽善者が！」と裁かれてしまう。どう考えてもこの袋小路で抜け道がないから「逃げるしかない～！」というループに入っていく。

〝いい人〟でダメだったからと、今度は〝悪い人〟を演じて、相手が傷つくようなことを言ったりやったりすると、あとで後悔することになる。

こんなときは〝心〟に聞いてみる。

男性の心に「この〝嫌われちゃう〟という感覚は私自身の感覚ですか？」と聞いてみた。

すると〝心〟は「違うよ！　妻から入れられている感覚だよ！」と教えてくれた。

「心よ！　妻からどんな感覚を入れられているの？」と聞くと、心は妻から入れられている感覚をイメージで見せてくれた。

みんなから白い目で見られて糾弾され、突き上げられている、地獄絵図の風景がそこに広がっていた。

子供の頃に地獄絵図の本を見せられて「こうなりたくなかったらいい子になりなさい！」と言われ、泣きながら「いい子になります！」と言ったのを思い出した。

これでは〝いい人〟を演じずにはいられない。いい人を演じても、すぐに失敗して地獄に落とされての繰り返しで、ずっと〝いい人〟を演じ続けなければいけない地獄絵図がここにある。

「心よ！　この地獄絵図はどうしたらいいの？」と聞いてみると「妻に返す！」との答え。

「心よ！　返し終わったら教えて！」とお願いして、男性を観察しているとみるみる顔に光がさしてきた。

男性は、みんな自分のことしか考えていないから誰も私のことを嫌っていないんですね！　とすっきりした顔で言った。

「地獄に落ちて裁かれる」と神的な万能感を持った奥さんから心の中で裁かれ続けていた男性は、いつの間にか奥さんの万能感に乗っ取られて「自分を犠牲にして人を幸せにしなければ」となっていた。

そこから解放されたときに、男性は「みんなは大丈夫！」と相手の力を信じられるようになった。

上司に「その仕事はあなたにしかできません！」と断れるのは、万能感から解放されて相手の力を信じることができるようになったから。

部下の愚痴も聞きながら「頑張って会社の体制を変えてみてね！」と背中を押してあげることもできるようになった。

自分が何とかしなければ、と思っていたのは自分の感覚ではなかった。男性はそれに気づいて、そこから自由になって輝き出した。

## 人の評価は結局変わらない

「みんなから責められて地獄に落とされる〜！」という感覚はよくわかる。

男性の場合「嘘つき！」「二枚舌！」「裏切って人の心を傷つける最低人間！」「奥さんの人生を無駄にさせた詐欺師！」「人の心を傷つけて人生を歪める悪魔！」といった責めの言葉がいつも頭のバックグラウンドで流れていた。だから、いい人を演じて「みんなから責められて地獄に落とされないように」と努力した。

けれども、努力すればするほど裏目に出て責められる。頭の中に流れている責めを回避するために、一生懸命に動いているのに、逆にその責めが現実となって、奥さんや部下、そして上司の口から責めの言葉が飛び出してくる。

そして男性は「どんなことを言われても反省しないダメ人間」的な反応をしてしまう。そのときは神妙な顔をして相手の責めを受け止めている体だが、ちょっと時間が経つと、また約束を破って奥さんを傷つけ、部下を失望させる。本人としては、反省をしていないわけではない。

「早く立ち直っていい人を演じなければまた責められる！」と思っているからニコニコと対応しているのに「反省もしないでヘラヘラしている！」と責められる。本人からすれば「理不尽！」となるが、周りからすれば「どんなに叱っても責めても、変わろうとしないダメ人間！」と見られる。

確かにこの男性は、人からどんなアドバイスを受けてもそれを実行しない。そして、奥さんからは「あんた、変わりたいと思っていないでしょ！」と責められる。

「え～？　そんなことないけど」と言うが、奥さんは「だったらちゃんと努力しなさいよ！」と責める。

ここにトリックがある。

この男性は、周りからの自分の評価を変えようとする。自分が相手の望んでいることをしてあげて「ありがとう！　あなたって素晴らしい人ね！」と感謝されて評価されて、自分自身の力が高まっていく、という幻想がある。

「僕は褒められると伸びるタイプなんです！」と上司に言う新入社員がいる。自分に対する人の評価が良好になればなるほど、自分は変わっていけると思っている。

「人の評価は変わらない！」とここで断言してみる。

男性が奥さんの地獄絵図から解放されたとき「みんな自分のことしか考えていないから誰も私のことを嫌っていないいんですね！」と言った。「人は自分のことしか考えていない」ここにそのポイントがある。

人は自動的に、成功したときは「自分のおかげ」と思い、失敗したときは「他人のせい」にする。

表向きはみんな「おかげさまで！」という言葉を使うが、心のどこかでは「私のおかげ！」となっている。

「うまくいったら自分のおかげ、失敗したらあんたのせい！」になっている人間に評価を求めてしまったら、どんなにがんばっても「ヒエ～！」ということになる。

人の評価を変えようとしても、一時的には「高評価を得たかもしれない！」と思っていても、必ず元に戻す力が働いて「総攻撃にあった～！」となってしまう。「ありがとう！　素晴らしいね！」と言われて「うれしい！」となっても、真ん中に戻す力が働いて「あんたなんて最低！」となるのが世の常。

アイドルの子が「あの人すごくない！」とみんなからもてはやされていたのが、ちょっとしたことをきっかけに「あの人、裏切り者で最低！」とダメ出しをされるのはよくあること。

「神の子～！」として地上に降りてきたイエスでさえ、人は「罪人」として極刑にした。

だから、自分が変わらないのでなくて、他人の評価を基準にしてしまうと、必ず真ん中に引き戻されてしまうから決して変わらない、となっているだけなのだ。

では何を基準に生きればいいのか。

「心でしょ！　心！」と私の〝心〟がささやく。

## 他人の評価を基準
## にしてしまうと……

## 何も変わらない！　それでいい

「私はあの人から悪く思われているかもしれない？」と思って確認したくなる。

友達に「ねえ、あの人私ことなんか言ってなかった？」と聞いてしまったらもう大変。友達に「あなたのことなんかなんとも思ってないみたいよ！」と言われたら「何とも思っていない」で引っかかる。

「何とも思っていないってどういうこと？」と聞いてしまったら、こんな感じで転落していく。

「あなたはちゃんと仕事をしないから相手にされてないいんじゃない？」（友達）

「え〜！　他の人よりも仕事はしているつもりなんだけどな〜！」

「その態度がダメなんだよね！　あなたって全然自覚がないでしょ！　だからあの人からも相手にされないいんだよ！」（友達）

「え？　どんな態度のことを言っているの？」

「周りがフォローしてあげているのにちっとも感謝しないで〝私一人でやってます〟的な態度のこと」（友達）

「私って世間知らずのナルシスト」と思われているんだ……。

こんな調子で「人からどう思われているのだろう？」と聞けば聞くほど地獄絵図が完成していく。

だから人に確認する前に〝心〟に聞く。

「心よ！　私はあの人から嫌われているかも？　というのが気になっているの？」と聞く。

すると〝心〟は「いいえ！」と答える。

「心よ！　だったらなんでこんなにあの人の評価が気になるの？」

すると心は「それはあなたの感覚じゃないから！」と教えてくれる。

「心よ！　誰の感覚なの？」と聞いてみると「母親の感覚だから！」

〝心〟は、母親が「あんたは生意気でいい気になるとすぐにクズになるから、私が裁いて罰して救ってあげなければ」と入れている、と教えてくれる。

「いい気になって調子に乗っていると、大変なことになる！」という感覚は小さいころからあって、だからいいことがあっても心から楽しんだことがなかった。

母親の「子供を裁いて罰して救わなければ」という神的な万能感に憑依された私は「万人から好かれてみんなを幸せな気持ちにしてあげて救わなければ！」と思い込んでいた。

けれどもこんな私の〝万能感〟に憑依された相手は「この傲慢な人を裁いて救ってあげなければ！」となり、相談した相手からはどんどんダメ出しがあふれ出してきてしまう。

そうならないために、私は謙虚な人間を演じて「私なんか、ダメなんです～！」と自分を低くする。

「生意気な奴！　調子乗るな！」と裁かれないように弱者を演じていると「嘘つきの偽善者！」と裁

かれて、その〝裁く〟人の〝万能感〟に憑依されて私は「こんなに謙虚に接しているのにあの人は！」とあの人のことを頭の中で裁いて罰してしまう、というおもしろい循環の中にいた。

「心よ！　だったらどうしたらいいの？」と聞く。

〝心〟は「みんないらない！」と言う。

〝みんないらない〟の意味が解らなかったが、「心よ！　あの人から嫌われているかも？」という不安な感覚をとりあえず〝万能感〟の方に返してもらえます？」とお願いした。

すると〝心〟は「いいよ！」と軽い返事。

「心よ！　返し終わったら教えてね！」と言うと、すぐに「返した！」と言われたがなんの変化もなかった。

「何にも感じね！」

返してもらったら、自分の周りが明るくなって、見ているものがキラキラするのかな？　なんて期待していたが、心の中が凪だからなにも感じない。シーンとした静けさだけがそこにある。この凪を求めていたのだとそのとき気づいた。

## 不幸は誰のためにある？

「謙虚な人にならなければ！」と思ったのは、人から「あいつは傲慢で何もできない奴！」と責められるのが怖かったからだ。

〝心〟にお願いして「あの人から嫌われているかも？」という不安な気持ちを母親に返してもらったら「傲慢で何もできない奴！」と思われることをなんであんなに恐れていたのだろう？　とおかしくなってきた。

謙虚さも傲慢さも私にとっては両方とも演じるもの、演じさせられるものであって、私自身ではない。

持っているものをすべて奪われ、どん底に落とされることを恐れて謙虚さを演じてきたが、謙虚さを演じたって、人からの評価を求めたときは「嘘つき！」や「偽善者！」呼ばわりされ、これまで築き上げてきたものをぶち壊され、どん底に落とされる。

ある意味〝嘘つき〟や〝偽善者〟というのは合っているのかもしれない。なぜなら、責められないように演じており、それは本来の私ではないのだから。

ここで人は「人から糾弾されることで謙虚さを演じる自分から解放されたのだから、それに意味があったのでは？」と意味づけをしたくなる。「あなたが本当の自分で生きるために、用意された人なのでは？」と勝手な解釈をする。「目の前にある苦しみは必ず益になるものに変えてくださる」と信じたくなる。

ところが心に聞いてみると「そんなのない！」とすぐさま却下される。

「目の前に起きていることについて解釈する必要はない！」と言われてしまう。

なぜ解釈する必要がないの？　と心に聞いてみる。次の瞬間、私の中にイメージが展開される。

「あなたを助けるために今の苦しみがある」という解釈のバックグラウンドには〝大いなる力（神）〟の存在がある。その神がしていることを自分が解釈するとは〝神を理解する〟ことになる。それってどれだけ万能感なの～！　と思うが、これをけっこう私はやっていた。

目の前に起きた〝不幸〟な事象に対して勝手に自分で解釈する。他人のことでもすぐに解釈したがる。万能感に乗っ取られているから、〝神〟を演じて、神がしていることを解釈し、そしてダメ出しをする。

今、目の前にある不幸は私を正しい方向に導いてくれるためのものだと解釈すれば「正しい方向に進まなければ不幸になる」という恐怖が付きまとう。すると必然的に〝正しい方向〟を模索しなければならない。すると「何が正しくて、何が間違っている！」という観念で生きることになる。

そして正しい、間違っているの評価を人の中に求めてしまうと、また同じことの繰り返しとなる。

だから〝心〟は「解釈は必要ない！」と言ったのだ。

「解釈したら不幸になる！」とか「解釈したらダメ！」でもなくて、ただ同じところをぐるぐる回ってしまうだけ。〝万能感〟で神を演じ、その〝神的な力〟で不幸な現実を作り出してしまい、そこから抜け出せなくなるだけ。とすると、逆に考えてみると、この〝万能感〟から解放されると、無限の可能性が見えてくるのだろうか？

「心よ！　万能感から解放されると、無限の可能性が見えてくるの？」と聞いてみる。

すると「そんなのも必要ない！」と言われる。

そうか！〝無限の可能性〟なんて言葉自体が〝万能感〟か！　心に確認しないとこんなことわからない。

心に聞いて万能感から解放されていくたびに、私の中で〝無〟の静けさが広がっていく。その〝無〟の中で何とも言えない安心感にひたる。

# 第4章　催眠で苦しみを消す

## 催眠の仕組み

お師匠さんの催眠のポイントは2つある。

1つは「そして」とか「すると」や「やがて」といったわけのわからない接続詞。そして、2つ目は一番大切なポイント「見て！」、「聞いて！」そして「感じて！」を順番に入れていること。

「肩がゆっくりと揺れているのが見えてきます」は〝視覚〟。

「お師匠さんの声を聴いている」は〝聴覚〟。

「手には、今、触れているものの感触が伝わってきます」は〝触運動覚〟になる（触運動覚は身体で感じる感覚）。

これらの「見て！」、「聞いて！」そして「感じて！」を順番に感じてもらったり、こちらが伝えるストーリーの中に入っているこの3つを聞いてもらうだけで「催眠～！」に入ってしまう。

この2つの役割は、まず矛盾がある接続詞により脳内で〝発作〟を起こして、そして、その〝発作〟で起こった電気を脳の〝視覚〟、〝聴覚〟、そして〝触運動覚〟の部位を巡らせることで消していく、という仕組みである。

お酒で「オリャ～！」と発作を起こしてしまう人の脳血流の写真を見ると「怒りを感じる部位や言葉にする部位が真っ赤っか！」になっている。普段の生活で思ったことが言葉にならない状態で脳の部位に影響し、血流が過多になっている。電気が溜まって、お酒を飲むと「ビビビ！」と発作が起きて、となってしまう。

この脳血流が一か所に偏らないでまんべんなく回ればいいのだが、一番有効な方法は有酸素運動。身体の血の巡りがよくなって、脳にもまんべんなく血が回って、「あ～スッキリした！」という状態。

頭がすっきりして、自分に縛りがなくなっていて、いろんなことに挑戦できちゃうかも～！　という状態こそが、〝発作〟からの催眠状態が解けた状態。

定義としては、普段の状態が〝発作〟からの催眠状態で、それが解けた状態が本来の自分であり〝無意識さん〟の状態である。

〝無意識さん〟とごまかしたが「これぞ本当の催眠！」と私は言いたい。難しい話を抜きにして、〝発作〟の催眠から抜けられたら〝無意識さん〟の状態になって無敵になる、と理解してほしい。

脳血流の話に戻るが「見て！」、「聞いて！」そして「感じて！」をやることでまんべんなく血流を回すというイメージになる。そうすると〝無意識さん〟の状態になり、というのが〝催眠〟というお話。〝発作〟の呪縛から解かれると本来の自分になり、それまで見えなかったものが見え、わからなかったことが自然とわかるようになっていく。

催眠を使っている治療者側も「見て！」、「聞いて！」そして「感じて！」を意識していくと、自分自身も〝無意識さん〟状態に入っていく。すると、美しいストーリーが次から次へと浮かんでくるのだ。（「無意識さんの力で無敵に生きる」参照）。

人と話をしているときでも「見て！」、「聞いて！」そして「感じて！」と自分の中で繰り返していくと、〝発作〟から解かれていく。さらに「見て！」、「聞いて！」そして「感じて！」を繰り返していると「お〜！　見えてくる〜！」とそれまで見えなかったものが見えてくる。わからなかったものがわかるようになり、いろいろな可能性が考えられるようになる。

イメージとしては、たくさんのジオラマ的な風景を頭の中に作れる感じになる。

## ■めちゃくちゃ簡単に無意識さん発動〜！

ある人が「片付けをやらなくっちゃ！」と思って部屋を見回した時に「発作！」が起きる（怠惰で発作〜！　ビビビ！）。「やらなくっちゃ！」のキーワードですぐに発作が起きて「頭が働かない！」となるのは、「やるぞ〜！」と気合を入れてくれる脳の前の方から「お前ってだらしがないな〜！」と自分にダメ出しをする脳の横の部位に血流がいってしまうから。脳の前の方の血流が低くなってダメ出しをしちゃうから「集中できない！」となって、発作が引き起こす催眠状態で落ちている雑誌をだらだらと読んでしまう。

そこで、無意識さん発動〜！　方法は簡単！

「ちゃんと片づけなきゃ〜！」と思ったら。ただ、自分の頭の中で「見て！」そして「聞いて！」さらに「感じて！」と唱えるだけ。「見て！」そして「聞いて！」さらに「感じて！」とちょっと間隔をあけながら唱えていく。言葉の間隔のタイミングは4拍子。

ほら！「見て！」1．2．3．4、そして「聞いて！」1．2．3．4、さらに「感じて！」1．2．3．4と唱えてみる。

これを繰り返していると「あれもやらなければ」とか「これもやらなければ」と頭の中にバーッと浮かんでいた思考が晴れていき「何も考えられない！」という状態になり、やがて「お！　捨てたる！　捨てたる！」とゴミを捨て始める。

それまで捨てることができなかった雑誌を積み上げて縛り、雑巾で床や棚を拭き始める。何も考えないで、雑巾を洗って、絞って、モニターの上や部屋の隅などを拭いていると、どんどん自分の心が洗われる感じになっていく。

着ていない洋服やしばらく使っていないものをどんどんゴミ袋に入れて捨てる準備を始める。それまでは「これは燃えるゴミ？　燃えないゴミ？」なんてゴミの仕分けを考えるのが面倒だったが、考えないで2つの袋に自動的に仕分けをしていく。捨てるために詰めたゴミ袋が玄関にいくつもあって「スッキリした！」となる。

「見て！」そして「聞いて！」さらに「感じて！」と唱えて〝無意識さん〟を発動させると、考えないで自動的にできてしまう。

「見て！」そして「聞いて！」さらに「感じて！」と唱えるとその催眠が解かれて本来の私の姿に戻る。それが「無意識さ～ん！」状態。本来の自分に戻るだけだったら魅力がないと思いますか？　でも、本来の自分は、本当は凄い。有名な本に「神は自分のかたちに人を創造された」とある。催眠から解かれて〝無意識さん〟である本来の姿に戻ったら〝人〟は「すげ～！」である。ここで鋭い人だったら気がつくでしょう。

「だったら〝万能感〟ってなんなの？」って。

## 万能感と催眠

一般的には〝発作〟を起こして「万能感～！」となっている人が「神～！」となっていると解釈される。でも、〝発作〟によって〝本来の自分〟からかけ離れてしまうから、本当の意味での「神～！」からは離れているのだ。だからブッダは修行中、断食を途中でやめたのでは？　と考える。

発作は低血糖状態で一番起きやすい。発作が起きている状態で「悟ったかも～！」と思っても、ブッダからすると「何も面白くね！」になっていたのでは？

ブッダが悟りを開く前、女の人が何人も誘惑してくる色欲発作に襲われても反応せずにスル～！　恐ろしい怪物が襲ってくる発作にもスルー。「岩石や武器が降ってくる～！」という〝発作〟が起きても反応せずにスルーして、暗闇の中で発作が起きてもそのまま。最後はこれらの〝万能感〟の発作を起こさせていたマーラがブッダに向かっていって〝憤怒〟の発作を起こさせようとしたが、それでもブッダは発作をスルーして悟りを開いて「神～！」という感じになった。

「神～！」というのは、発作が起きていない状態である本来の私たちの姿。それは遠くにあるものではなくて常にそこにあるもの。けれども、世の中には発作の地雷がたくさん埋まっていて、発作を起こしている人の方が魅力的に見えるようになっている。発作を起こさせて「神～！」から遠ざけるシステムがちゃんとできている。

「カリスマ」と呼ばれている人は「発作を起こさせる天才！」というだけである。

催眠のお師匠さんと出会ったとき、「何だこのおじさんは？」とまったく光るものを感じなかった（失礼やろ！）。でも〝光るもの〟というのは結局、発作が起きちゃっているのだ。

そして、その裏にはたくさんの苦しみがあるのだ。その苦しみがさらに発作を連発させて「離れられない！」という状態を作り出す。

逆に考えてみれば、世間的に魅力的な人になりたければ「連続発作～！」を意図的に起こして、人

にも起こさせていればいいのだ。（そっちの本を書いた方が世間的にはウケるのかもしれない）

発作を起こすとあっという間に時間が過ぎていく。世間的には「発作が起きていないなんてダサい～！」となるかもしれない。そこに何の魅力もないような感じ。

けれども、ほら！「見て！」そして「聞いて！」さらに「感じて！」を繰り返していると、ブッダやお師匠さんが見ていた世界が垣間見えてくる。お～こんな風に見えていたんだ～！って。万能感とは無縁な優しい世界がそこに広がっている。

## カリスマの作り方

発作を連続的に起こしている〝カリスマ〟の方が魅力的なんですけど！　という人のために「発作でカリスマになろう！」という方法も書いておく。

睡眠不足にすると発作は起きやすくなる。ナポレオンの脳はものすごく帯電していただろう。

色欲を抑制しない。傲慢な態度で反省も一切しない。さらに、人に対して嫉妬をバリバリして、他の人を陥れる。私利私欲のために人を蹴落として強欲発作で電気をバリバリ発生させる。飲酒や過食、そして拒食（食べない！）なども発作を増幅するのに有効である。

７つの大罪をできるだけまんべんなく使って発作を起こして、人に迷惑をかける。要するに自分の脳の電気発作で他人の脳に影響を与えて他人の脳にも発作を起こさせる。憤怒させ「間違っている！」と裁かせて〝傲慢〟にさせ、発作を起こさせることで簡単に電気を発電させられる。

カリスマ的な歌手はラブソングを歌って「きゃ～！」と発作を起こさせることで、周りの人を発電している。

つまり自分の発作を使って周りの人の脳を刺激して、発作を誘発して発電して……その電力が大きければ大きいほど「カリスマ～！」になるのだ。

これをやるにあたって「人に迷惑をかけたくない！」と思ってしまったら危険。

自分で発作を起こしても、他の人に電気が流れないで自家発電状態になってしまう。〝他人に影響を及ぼす〟が、自分の頭の中でのイメージだけになってしまい「空想のカリスマ」になってしまう。

現実の世界では何も起こっていないので〝怠惰〟の発作が起きて、そこでまた発作のループが起きてしまい自家発電状態で空想の世界に耽ってしまう。すると、あっという間に時間が過ぎて、浦島太郎状態になってしまう。

「自分は他人には迷惑をかけられないけど家族に十分に迷惑をかけているから大丈夫！」と思っている人も危険。

〝迷惑をかけている〟と思っていること自体が〝罪悪感〟で発作を起こさせられている可能性がある。

家族の発作に影響されて、自分の能力が封印されているだけなのかも？　と思った方がいい。

カリスマ～！　になる人は人の迷惑は省みない。そこが重要。

「ネットを炎上させて正義を追求し、人を怒らせて、憤怒で発電させているから大丈夫です！」という人も要注意。確かに、ネット上で発電して、ということも現代社会ではありかもしれない。上手くやればできるかと思うが、使い方を間違ってしまうと「空想のカリスマ」状態になって自家発電で気がついたら浦島太郎になってしまう。実際に人に接触するのと、ネットの世界で流れている電気は違う気がしている。

カリスマになるためには、人前で発作を起こして、周囲の人にも発作を起こさせて「イェ～イ！」になる必要がある。自分が発作を起こして相手も発作を起こすことが相手にとっての幸せである、と思っている必要がある。自分が発作を起こして相手に迷惑をかけてしまっている、という優しい気持ちは捨て、できるだけ多くの人に接触をして迷惑をかけて、バンバン発電してもらって、巨大な発電所を作りましょう！　というのがカリスマの作り方になる。

カリスマになるために、もう一つ必要な発電が〝善行〟。

募金をしたり、寄付やボランティア活動をしたり、トイレ掃除なんかも大切。これらをマメにやることで〝傲慢〟の発作がマックスになるから人に素晴らしい影響を与える。そう〝傲慢〟の発作がカリスマにとっては重要。

バンバン発作を起こして、バンバン人に影響を与えましょう！　というのがカリスマである。

なんだか楽しそうだが、私はお師匠さんの催眠の方が好きである。

お師匠さんの催眠は、静かで淡々としているけど、心の底から美しいストーリーが次から次へと紡ぎ出されてくる。そして、いつの間にか現実の世界が美しく変わっていた。あんなに混沌とした世界が広がっていて、そこから抜け出せないと思っていたのに。

## ■知恵は絞り出すもの？

催眠のお師匠さんにスーパーバイズ（ケース指導）を受けていたとき、お師匠さんが突然、クライアントさん用の椅子に座った。先生はゆったりと背もたれに背中をゆだねて「さあ、大嶋さん、私に催眠をかけてください！」と言った。

「ひぇ～！　無理～！」と思ったが、そんな甘ったれたことは言ってられない。

「わかりました、では！」とめちゃくちゃ緊張しながら「いま、先生には私の姿が見えています」１．２．３．４「そして、外からはバイクのエンジンの音が聞こえてきます」１．２．３．４「そうしていると、空調のあたたかい空気が感じられます」と繰り返していく。

この時に初めて気がついたのが「相手を催眠に入れる、ではなくて、自分がクライアントさんと一緒に催眠状態に入っていくのだ」ということ。

「見て！」そして「聞いて！」さらに「感じて！」を繰り返していると、催眠状態に入っていき、そして、自分の中から「絶対に作れない！」と思っていたスクリプト（クライアントさんの症状に合わせて作る物語）がスラスラと出てくる。

さっきまで「催眠なんてかけられないし、お師匠さんのためのスクリプトなんて考えられるわけがない！」と思っていたのに、ほら！「見て！」そして「聞いて！」さらに「感じて！」を繰り返して催眠状態に入っていくことで、不思議と自分の中から物語があふれてきた。

自分でお師匠さんにスクリプトを語りかけながら「結構、素敵なストーリーじゃん！」とうれしくなってきて、笑みであふれる。すると、さらに豊かなストーリーが湧き出てきて、きらきらと輝いていく。

この瞬間から「無意識さんに任せていれば大丈夫なんだ！」と思えるようになった。優しい顔で、目の前でリラックスされて催眠状態に入っているお師匠さんを目の前にして、私は「大丈夫なんだ！」と思えた。

私が体験したのは〝発作〟から解放された時に湧き出してくる不思議な知恵と力だった。それまでの私は〝発作〟を起こして、これまでの経験や苦しみの積み重ねから生み出されたものを絞り出して

〝知恵〟として使っていた。まさに知恵を絞りだす、という感じでやってきた。

ほら！「見て！」そして「聞いて！」さらに「感じて！」を繰り返して、意識から解放された〝無意識さん〟状態になると「知恵は絞り出すものじゃなくて湧いてくるもの！」だった。そして、私が経験したものとは違う、おもしろいものが私の中から湧いてくるようになった。

ほら！「見て！」そして「聞いて！」さらに「感じて！」を繰り返して〝無意識さん〟状態を作り出すことで、人と会話をしていて、私にはないはずの不思議な知恵が私の中から湧いてきたのだ。

## ■無意識さんが紡ぎ出すストーリー

お師匠さんから催眠を習って「催眠っておもしろい！」と思っていたところに「息子が近所で問題を起こすんです！」という両親が相談にきた。

その息子さんは近所の人たちに「お前は馬鹿だ！」「知恵が低い猿だ！」と怒鳴りつけてしまう。両親は近所の人に謝罪をして、警察にも相談して、ちょっとでも問題を起こしたら病院に連れて行ってもらう手筈を整えていた。とても優秀なご両親で「私は何をやればいいの〜！」と新人の私は頭が真っ白になっていた。

このまま本人が近所で迷惑をかけ続けて、警察に病院まで搬送されてしまったら傷ついてしまうから何とか本人を納得させて病院に連れて行くことができないのか？　という目的が明確な相談であった。

ボスに相談すると「そんな甘ったるいことをやっているから問題がどんどん大きくなるんだ！」と怒られてしまった。

困った顔をしたご両親を前にして、なにもできない私は胃が締め付けられるように痛くなっていた。そんな時、お師匠さんの顔が浮かんだ。

両親の話を聞きながら「息子さんが投げつけたラジカセが階段の下に見えていたんですね」1．2．3．4とやり始めた。（見て！）。

すると「息子さんの怒鳴り声が聞こえてきたんですね」1．2．3．4（聞いて！）

さらに「息子さんから伝わってくる緊張感が感じられたんです」1．2．3．4（感じて！）

そうして「こちらの相談室にいらっしゃって家と同じようなレースのカーテンを眺めてらっしゃいますね」1．2．3．4（見て！）

それから「こうして息子さんの状況を整理していく私の声が聞こえていますね」1．2．3．4（聞いて！）

そうしたら「私の中である感覚を感じ始めているんです」1．2．3．4（感じて！）。

私はこの先の展開なんて全く考えていなかった。それでも、見て、聞いて、そして感じてを繰り返していると、あるストーリーが浮かんできた。

優秀で頭がいい息子さんが、近所の人を見れば「自分とは違っているかもしれない」という悲しい気持ちになっていました。そして、その人たちの声がまるで悲しいメロディーのように頭に響いて来ていたんです。

もしかしたら、目の前にいる両親も「自分のことをわかってくれないのでは？」とある感覚とともに、つい自分の中のその感覚を打ち消すために大きな声が必要だったんです。

すると、あるカウンセラーが「本当にあなたはみんなと違っているの？」という疑問をその子に投げかけたんです。そうなんです。違っているようで、違っていないのかもしれない、と不思議な疑問をその子は受け止めたのか、受け止めなかったのか。そのカウンセラーはみんなと同じなのか違っているのかの判断ができるのかもしれないって興味を持ったんです。

こんなストーリーが頭の中でキラキラと展開していった。

そして私は両親に「おまえが本当に優秀なのかどうかカウンセラーは非常に興味を持っていたよ」とぽろっと息子さんの前で漏らしてください、と伝えた。

両親はすべてを悟ったように「うん」と頷いて帰っていった。

すると次の週に、これまで病院も相談機関も拒否をしていた息子さんが待合室に座っていた。

息子さんは、私の前に座って、私がいかに愚か者であるかを教えてくれた。

「目の前に座っているカウンセラーがアホに見えているんですね」と息子さんに返した。（見て！）

そして「カウンセラーの言っていることが全く意味のない言葉に聞こえています」（聞いて！）

さらに「自分の方が遥かに優れている！　と感じられているんですね」（感じて！）

こんなことを息子さんのお話を聞きながら繰り返していると「そうだ、確かに愚か者の私には、この方の優秀さを測ることができない！」と感じられた。

すると息子さんは「誰だったら僕の優秀さを測れるんですか？」と興味津々になった。

私が尊敬する病院の先生の顔が浮かんできて、あの先生だったらあなたの優秀さを測ってくれるかもしれない、と伝えた。

すると、息子さんは「今からそこに行きます！」と目をキラキラさせながら言った。

横にいる両親はものすごくうれしそうだった。

その夜、両親から「先生、息子、ちゃんと入院できました！」と報告があった。
○○先生が「よくここまで頑張りましたね」と息子をねぎらってくれて、息子は入院することができたのですと言われ、涙があふれてしまった。「入っていいな～！」と心から思えて、涙が止まらなくなった。

## 上司に催眠を使っちゃおう！

「仕事ができない奴！」と上司に言われて、仕事ができなくなっていた男性が相談にきた。

移動の車で上司と2人きりになることが多く、「何を話したらいいのだろう？」と考えると気持ちが重くなる。何を話しても話が続かず、結局は上司の自慢話や説教を聞くことになり「嫌だな～！」という気分になって、現場でも仕事のテンションが上がらない。

すると上司から「ダラダラしてんじゃないぞ、こら！」と怒られてしまい、余計にやる気が失せて、上司がすべてを取り仕切ってやることになり、結局、帰りの車の中で「やっぱり、お前は段取りが悪くて仕事ができない」と言われる日々だった。

そんな男性に「見て！」、「聞いて！」そして「感じて！」のテクニックを実践してもらった。

車の中で上司がさっそく「お前、ちゃんと装備をチェックしてきただろうな！」と突っ込んできた。

いつもだったらムカッとしてふてくされてしまうところだが、まずは〝見て！〟だったよなと思って「親方に見て確認していただいた通りちゃんとチェックしてきました！」と答えた。

すると上司は「ちゃんと手順は確認してきただろうな！」と言った。

「今度は〝聞いて〟だよね！」と思って「親方に先日お聞きしたようにチェックをしてきました！」と答えた。

すると「あれ？　なんだか上司の様子が変！」となった。

さっきまでの緊張状態が緩んで上司は天気の話を始めた。

すかさず〝感じて！〟を入れるために「温かい日差しが感じられるようになりましたね～！」と言った。すると、会話がどんどん続いていき「この前、家の前でメジロが飛んでいるのを見たんです！」と言うと上司がうれしそうだった。

「あのメジロの鳴き声っていいですよね～聞いていて癒されますよね～！」

「メジロを見ていると幼い頃の感覚を思い出しますよね～！」と適当な言葉が口から出てくる。

普段は適当なことが言えなかったのに、順番を考えていたら適当なことを言っている自分に気づく。

上司はすごく満足そうな顔をしている。

現場に着くと、「今日は、一通り自分でやってみな！」と上司に言われた。

そこでも「いつも見させていただいているようにやってみます！」と答えた。

なにも考えずに仕事をするが、不思議とテキパキできている。考えているのは「次の〝聞く〟は何を入れようかな？」だけ。それなのに仕事がどんどん進んでいつの間にか終わっていた。

帰りの車の中で「なかなかやるじゃねえか！」と褒められた。

「いつも、親方から聞かせていただいているので勉強になっています！」と答えるとさらに上司の顔がゆるんでいく。「こんなに簡単なことだったの〜！」と思った。

男性は半人前から一人前の扱いになり、いつの間にか一人で歩けるようになっていた。

## なぜ会話の中の催眠が効くの？

男性は「見て！」、「聞いて！」そして「感じて！」を上司との会話の中で繰り返すことで変わった。

上司と車の中で会話が続かなかったのは、男性が上司の話を聞いて「また、この人説教をしてきたよ！」とか「この前もその自慢話聞いたぜ！」と上司のことを頭の中で裁いて〝傲慢〟の発作を起こしていたから。発作で頭が真っ白になり「ち〜ん！」と沈黙が続いて「気まずい空気！」になっていた。

この男性は「相手を気遣って話が続かなくなってしまう！」と言っていた。〝相手を気遣う〟という時点で、実は〝上から目線〟になっている。「この人は傷つきやすい人だから」とか「この人は痛い所を突かれるとすぐに防衛的になって怒る弱い人だから」という思いが背後にある。本人は「自分は自信がありません」という体でいるが、そこがミソ。

人間の身体には「バランスを取る」という恒常性のシステムがある。

酒を飲むと「キャッピ～！」と躁状態になる。すると身体はバランスを取るために「うつ～！」のホルモンを出して「キャッピ～！」を中和して真ん中に戻そうとする。

それと同様に「私は自信がありません」と思えば思うほど「俺は本当は凄いんじゃ～！」という誇大的なイメージが湧いて、真ん中に戻そうとする。自分にダメ出しをすればするほど「俺は凄いんじゃ～！」のイメージが膨張してしまい「自分はダメ」と思っているのに「上司は間違っている！」とダメ出しをする。そんな矛盾の状態になってしまう。

自分で〝傲慢〟になろうと思っているのでなく、逆に、その〝傲慢〟という怪物を自分の中に封印しようとして、ダメ出しをしているが、それが怪物に餌をやるのと同じ結果になっていることに気づかない。

簡単に言えば〝傲慢〟の発作は自分ではコントロールできないのだ。〝傲慢〟で脳に帯電してしまうので、思うように話せなくなり、身体も動かせなくなる。ピアノの発表会で思うように指が動かせなくなったり、体育祭の行進で「みんなに見られている～！」と思うとロボットみたいな動きになるのと同じ。

そんなときに、上司から「ダラダラしてんじゃねえぞ！」と怒られると〝憤怒〟と〝怠惰〟の発作がダブルで起きて、ますます思うように動けなくなる。もっと大変なことは、この〝発作〟は本人にとっては「緊張して固まって動けない！」状態なのだが、周りから見ると「怒ってふてくされている」としか見えない。さらに、自分の脳で起きた発作で帯電した電気が上司の発作を誘発してしまうので、上司は「もうお前なんかに任せていられねえ！」となる。その上司の〝憤怒〟の発作の電気に、男性の脳は感電して連続発作状態で「何もできね～！」となってしまう。

上司はたぶん「こいつを何とか一人前にしてやらなければ！」と思っていた。そう思った時点で上司の脳内では〝傲慢〟で発作が起きていた。その上司の〝傲慢〟の発作で帯電した電気によって、男性も発作を起こして「こいつの話は意味ね～！」となっていた可能性も考えられる。

男性は会話の中で「見て！」、「聞いて！」そして「感じて！」を意識することで〝傲慢〟とか〝怠惰〟の地雷を踏まなくなる。同時に「見て！」、「聞いて！」そして「感じて！」を上司に対してやることで、上司の〝傲慢〟の発作を打ち消し、上司を無意識さん状態にした。

発作がなければ〝傲慢〟がなくなるので「上司から裁かれな～い！」という状態になる。

上司も発作がなくなるので〝苦痛〟から解放されて楽になり「この人と一緒にいると楽かも～！」となる。この状態が〝無意識さん〟状態。無意識さんでお互いがつながりあって一体感が感じられ、上司には男性の限りない可能性が見えてくる。

## いつの間にか催眠状態!!

「友達の会話の中に入っていけない」と悩んでいる人がいた。

みんなは楽しそうに話しているのに、自分だけ取り残されて、ただ愛想笑いをしているだけでものすごく惨めで寂しい気持ちになるという。

これまでコミュニケーションのセミナーなどで、いろいろなテクニックを勉強してみたけど、難しくて身につかず、すぐに忘れて素の自分に戻ってしまう。

そこで「見て!」、「聞いて!」そして「感じて!」を友達との会話中に唱えてみることを提案した。

「ここで試してみましょう!」と私が日常生活のことを話している間に、その方には「見て!」1.2.3.4「聞いて!」1.2.3.4そして「感じて!」1.2.3.4と頭の中でやってもらうことにした。

「いや~! 最近、料理に凝っていてさ! サラダなんか作るのにけっこう時間かけたりするんだよね!」と、私は友達に話すように話し始めた。

その方はびっくりしていたが、私の目を見ていたので「見て!」1.2.3.4をやっていたと思う。

「サラダってさ~! 結構シンプルだけど奥が深いんだよね! かける油によって味が全然違うし、

塩加減によっても全く美味しさが違ってきちゃうんだよね！」

「でも、一番好きなのはシンプルに、シャキッとしたレタスにオリーブオイルと岩塩だったりするの！」と言ったとき、私の頭の中で急にブレーキがかかるのがわかった。

「え？　なにが起きているの？」と普段の自分を演じている自分でもちょっとびっくりする。あんなにテンション高く話していたのに、突然、そのテンションがスロ～！　になっていく様が自分でもわかるのだ。

　相手の方はただ笑顔で聞いているだけ。でも「聞いて！」1．2．3．4をやっているのだろう。

「お！　余計なことが言えなくなってきたぞ！」とちょっと自分の中でも焦る。

でも、もうちょっと抵抗しなきゃおもしろくないよね！　と思って「やっぱり、サラダって、新鮮な方が美味しいですよね」と続ける。

「最近では、わざわざ道の駅まで朝一番でドライブしてサラダの野菜を買いに行くんです」

「サラダの野菜を買いに行くだけでドライブなんて、無駄じゃん！って思われそうだけど、その道中も結構楽しくて、そして新鮮な野菜を選ぶのがものすごく楽しいんです！」と語っていると、その道中の様子や、野菜を手に取っている場面などが私の頭に浮かんできている。

「これって催眠状態じゃん！」

「なに！　この私がこの方に催眠に入れられちゃった！」

それも、自分でくだらない話をしているだけのつもりだったのが、どんどん、私の中から不安や抵抗がなくなっていく。

「裁かれていない自由」を感じながら「これが無意識さんの世界！」という柔らかい感覚を感じつつ私は話を続けていく。話を続ければ続けるほど、私は自由でいる喜びを感じていった。私はその方に「すごいです！」としか言えなかった。

「え？　何を感じられたんですか？」とその方に聞かれたので、私の頭に浮かんだ情景や、話をする抵抗や不安が取り去られていった過程などを話していると「私もおんなじ風景を見ていました～！」と言われた。

「最初は私のために一生懸命に話してくださっていると思っていたのですが、途中から、私と一緒に自由になっていっているんだ～！　と感じられたのです」

ただ「見て！」、「聞いて！」そして「感じて！」を頭の中で繰り返していただけなのに。

「話の内容なんて一生懸命に聞く必要がないんですね！」

そう。話なんて、ただの道具。一番大切なのは無意識さんでつながり合うことだった。

こうして私も爽やかな気持ちで、美味しいサラダを楽しみにしながら家に帰ることができた。

## 幸せの黄色いハンカチ

非行に走った娘が来月出所してくる、どう対応してよいかわからない。そんな母親から相談を受けた。

「家で暴れられたら……、また悪い人たちとつきあい始めたら……、どうしたらいいんでしょう？」

「近所の冷たい目からどう守ってあげたらいいんでしょう？」

私は当時カウンセラーになったばかりだった。ボスに相談すると「両親がそんな心配をしている限り、繰り返すね！」とだけ言われた。（ひえ～！　確かにそうですけど、何かお言葉を！）と思った。

両親は「自分たちの育て方が悪かったから子供がこうなってしまった」と涙を流していた。

この状態の場合、帰ってきた子供は「自分のせいで両親はこんなに悲しんでいる！」となるが、それを「両親は自分のことを責めている！」と受け取ってしまうから、また「グレてやる～！」となる可能性がある。

では、両親が笑顔で「おかえりなさい～！」とやったらどうか。それでも、近所の冷たい視線とのギャップで娘は辛くなり、また同じことを繰り返してしまうかもしれない。

両親の気持ちも近所の人の気持ちも、一発で変えられる方法はないか？　と考えてもまったく思いつかない。そこで「こうなったら催眠を使うしかない」となった。

お母さんの話に耳を傾け、「ガラス越しに娘さんの姿が見えていたんですね」と「見て！」を入れる。

そして「娘さんの声をインターフォンを通して聞いていらっしゃったんですね」と「聞いて！」を入れる。

そんな時に「面会室の椅子の感覚を感じていらっしゃったんですね」と「感じて！」を入れる。

「娘さんの髪の色が見えていましたね」

「娘さんがお母さんに謝罪する声を聞いていたんですね」

「手ではカウンターの冷たい感触を感じていたんですね」

このように「見て！」「聞いて！」「感じて！」を繰り返していると、私の頭は真っ白になって、一つのストーリーが頭の中で展開していく。

もうすぐ春なのに、まだ雪が残っている道の傍らに土がもっこり盛り上がっています。

そんな盛り上がった土を眺めながら、風の音を聞いています。

そして、その風が感じさせてくれる寒さの向こうに春の訪れを感じたんです。

そう、もっこり盛り上がっている土の向こうを見ていたら、その犯人は福寿草の芽だったんです。

その福寿草は冷たい風が吹きつける音を聞きながら、芽を出していきます。

そして、太陽の光を感じて、綺麗なあの黄色い花を咲かせるんです。

でも、太陽の光が雲で遮られた時に、その花はしぼんでしまう姿が目に入ってきます。

でも、再び太陽が当たって雪解けの水が流れる音を聞いていると、いつの間にかしぼんだはずの花が咲き誇るんです。

そう！　しぼんでしまったと思っていたけど、花がしぼんだり開いたりを繰り返すことで温かい感覚を失わないようにしていたことに、気がつかせてくれたんです。

そんな黄色い花を見ていたら、引き出しにしまっていた、黄色いハンカチのことを思い出したんです。

そう！　あの思い出が詰まった黄色いハンカチが引き出しを開ける音とともに取り出されていく姿が。

そして、その思い出のハンカチに暖かい太陽の光を当ててあげたくなったんです。

長年引き出しにしまってあったものですから、しっかりと洗濯ばさみで止めて、そのハンカチが風に揺れる音を聞いてみたくなったんです。

ハンカチが風になびきます。

私はそれを眺め、ある感覚を思い出しているんです。

そんなストーリーをお母さんに話していたら、お母さんは「そうなんですね！」といってある表情を浮かべて帰っていった。

面接室に一人残された私は「無意識さん！　あれって〝幸福の黄色いハンカチ〟ですよね！」と文句を言った。

無意識さんがあんなベタな話をするから、途中で笑いたくなったじゃないですか！　お母さんがあの映画を見ていたら絶対に途中で笑っていた。それを無意識さんが知ってか知らずかわからないけど、なぜあんなストーリーを……なんて思っていた。

すると、しばらくしてお母さんが「先生！　ありがとうございました！」と笑顔で報告にきた。

近所の人に「うちの娘が出所してくるんです！　いつも見守ってくださってありがとうございます！」と挨拶に行くと、近所の人は「よかったね～！」と優しく言ってくれた。

すると、ご両親も吹っ切れて、出所の日がものすごく楽しみになり、黄色いハンカチを干しはしなかったけど、ポケットに入れて娘を迎えた。そして、娘を黙って抱きしめ、一緒に涙を流すことができた。

そんな話をして、お母さんは嬉しそうに帰った。

お母さんが帰ってから、私は余韻に浸りながら「黄色いハンカチを干してくれたと思っていたのに～！」と独りごちていた。

## とりあえず催眠！

あるお母さんは娘との関係で困っていた。

「雑誌を買って来い！」「餃子を作れ！」「こんなもの食えるか！」などなど、ひっきりなしに娘から要求されて、断ればいいのに、「私のせいで娘はこんなになってしまった！」と思ってしまうから断れず、娘に振り回されていた。

普通のカウンセラーであれば「娘さんはお母さんの愛情を求めているから、いろいろな要求をするんでしょうね」という話に持っていく。求めているのは〝愛情〟だから娘の命令に従っても〝愛情〟は感じられず、愛情に対する〝渇き〟が酷くなるから要求がどんどんエスカレートしていくんです、となる。

この分析もありかも？　と思える。でも、そもそも、愛情ってなんだ？　子供のことを心配して、先手先手を打って、尽くしてあげるのが愛情じゃないの？　という話になる。

その一方で「子供を信じて見守ってあげることが愛情であって、手を出すことは親の自己満足でやっているこ と！」という解釈もある。

いろいろ考えていると、よくわからなくなってくるので、とりあえず催眠でとなる。迷ったときは〝催眠〟っていいかも！

娘から「お母さん、新しい雑誌が出ているから買ってきて！」と言われて、お母さんは「そうなの」と言いながら「見て！」と頭の中で唱えて「1．2．3．4」とゆっくりとカウントします（「見て！」という言葉だけでいいが、その感覚に浸るためのカウント）。

娘は「お母さん、聞いているの？」と言ってきたので「うん、聞いているよ！」と言いながら「聞いて！」と頭の中で唱えて「1．2．3．4」とゆっくりとカウントする。

娘は「早く買ってきてよ〜！」とちょっとイラつき気味で言うが、お母さんは「今度は〝感じて！〟だな」と頭の中で考えながら、娘に「そうだね」と答える。「感じて！ 1．2．3．4」とカウントして、お母さんは指輪の感触を確かめる。

そして、もう一度「見て！」に戻ってきたときに、娘は「もう、面倒臭いからいいや！」と言う。

お母さんは「そうなの」と言いながら「1．2．3．4」とゆっくりとカウントする。

娘は「私は言ったときにお母さんにすぐに動いてほしいの！」とキレ気味で言う。それでもお母さんは「聞いて！」と頭の中で唱えて「1．2．3．4」とゆっくりとカウントします。そして、娘にやさしい声で「そうなんだ」と答える。

そして、お母さんが「感じて！」と唱えて「1．2．3．4」とカウントをしていると、娘は「自分がこうして一日中だらだらしていて、お母さんから責められるのが怖いのよ！」と言い出す。

お母さんは「見て！」を唱えて「1．2．3．4」をカウントしながら「そうなんだ！」と答える。

するとは「お母さんの期待に応えられなかった自分がすごく嫌で、お母さんにそれをずっと責められている感じがしているから、こんな風になっちゃうんだ！」と言う。それでも、お母さんは「聞いて！」と頭の中で唱えて「1．2．3．4」とゆっくりとカウントする。

すると、お母さんは「お母さん！」と言って抱き着いてきた娘の髪の毛の感触を確かめる。

「1．2．3．4」

そうしていると、小刻みに揺れている娘の肩の動きを見る。

「1．2．3．4」

さらに娘の嗚咽する声が聞こえてくる。

「1．2．3．4」

娘のあたたかい感覚を感じることができる。

そう、幼い頃に抱きしめていたあの感覚。あの時の娘の表情が今、私の目の前に見えている。そして、娘の優しい声が聞こえてくる。そうしていると、いつの間にか「このままでいいんだ」と感じられる。

## 無意識さんのささやき

頭で考えると〝発作〟の地雷を踏んじゃって「お先真っ暗！」という状態になってしまう。黄色いハンカチのケースのときも「近所の人たちから白い目で見られ、あの子はまた裏街道を走ってしまうのでは？」と不安になっていた。

ここには近所の人の反応を予測する万能感、未来のことを予測する〝万能感〟がある。これらの心配の背後には「この子の人生を変えてあげなければ」という〝万能感〟があってトリプルで「発作！　発作！　発作！」という催眠状態に入っているのだ。ここでの催眠状態は、目を開けながら悪夢が見れてしまうものだ。

こういった親やカウンセラーの万能感の発作で、あの子は感電して「ビビビビ～！」となるから「オリャ～！」と〝憤怒〟の発作を起こして「親なんか頼らなくても自分一人でやってやる～！」となり、さらに〝万能感〟の発作を起こして「オリャ～！」と走り出してしまったら止まらない。それを見た親も「何とかこの子を救ってあげなければ～！」という〝万能感〟の発作が止まらずに子供と共に発電所状態になってしまう。

アホなカウンセラーは、この発作の止め方を知らなかった。アホなカウンセラーは「困ったら催眠！」という便利な方法を知っていたので「見て！」、「聞いて！」そして「感じて！」を繰り返して展開。

「無意識さ～ん！」を起動する。

するとと無意識さんが取り出したるは黄色いハンカチ！　なんじゃそりゃ！　予想だにできなかった

でも、お母さんが近所の人にあいさつに行くとき、ポケットには黄色いハンカチを入れていて「あのカウンセラーアホや！　プップップ！」と吹き出しそうになる。すると、近所の人の反応を事前に予知する万能感の発作は起きないので、近所の人も「応援していますよ！」とか「見守っていますからね！」と優しい言葉をかけてくれるのだ。

黄色いハンカチ一枚でまったく違う展開が作れてしまう。無意識さんって本当にすげ～！

横暴な態度で母親を振り回す娘に対しても「見て！」、「聞いて！」そして「感じて！」を頭の中でゆっくりと繰り返し唱えることで「無意識さ～ん！」が発動する。

いつもだったら「買ってきて！」と娘から頼まれると、お母さんは「この子は怠け者で社会適応ができない！」と頭の中で嘆いてしまい〝怠惰〟の発作を娘に起こさせ、さらに「社会適応ができない！」で未来予知の〝万能感〟で自分の脳も発作を起こして娘の脳を感電させて、というダブル発作を起こさせてしまう。

すると娘の脳でも「お母さんをコントロールできる！」という〝万能感〟の発作と「お母さんのせいで私はこうなった！」という〝憤怒〟の発作が起きて「身体が怠くて何もやる気がしね～！」とい

う〝怠惰〟の状態を作り出してしまう。

でも、お母さんが「無意識さ～ん！」の状態になっていくと、娘の脳の発作も静まり、やがて催眠状態に落ちていき娘も「無意識さ～ん！」状態になってお母さんと一体感を感じられるようになる。そう、それが娘が本当に求めていたこと。無意識でつながり合う心地よさ。そして、そこに広がる安心感。それが人の本来の姿なのかもしれない。

こうして「無意識さ～ん！」を連発して書いていると、無意識さんが私にささやく！

「ほら！　もっと簡単にできるでしょ！」って。嫌な予感。何が簡単にできるの？　わかっているが、一応聞いてみる。

「催眠はもっと簡単に使えるでしょ！」と、ささやく声が聞こえる。

## 言葉だけで催眠

催眠のお師匠さんが治療者たちの前で「〝催眠〟という言葉だけで催眠状態を作り出す」と言ったとき、その意味は誰もわからなかった。

一般の催眠療法の治療者は〝発作〟を起こして「催眠状態だ～！」としている方が多いので、お師匠さんの「発作から凪にする催眠」のことはまったく理解できなかった。

私の場合「お金がな～い！」という〝強欲〟で朝から〝発作〟を起こして「この先、自分は路頭に迷ってしまう～！」と目の前に灰色の壁があるような「お先真っ暗！」な感覚になり、そして胃にはまるでコンクリートが流し込まれたような状態になってしまう。そして「なんで、あの人はあんなに楽をしてお金にゆとりがあるのに、私にはないんだ！」と〝強欲〟＋〝嫉妬〟でさらに発作に拍車をかけて「お先真っ暗～！」な現実が今そこにある、という感覚になる。

そんなときに「無意識さ～ん！」と頭の中で叫ぶ。すると、不思議と深呼吸がしたくなる。思いっきり息を吸って、そして、ゆっくりと息を吐くとともに、その悲劇の現実が私の鼻から抜けていく感覚になり、次第に頭の中が凪になっていく。

そして、さらにもう一度「無意識さ～ん！」と頭の中で唱えてみると、再び大きく深呼吸したくなって、大きく吸い込んださわやかな空気とともに、私の中に不思議な安心感が広がっていく。

そう！　一人のようで一人じゃない、不思議な安心感。さっきまでの貧困や嫉妬にまみれていた催眠状態から抜け出して、今、私は静けさの中にいる。無意識さんの力強い英知とともに。

こう考えてみると、〝発作〟によって作り出す〝催眠状態〟はすごいと思う。あんなに簡単に〝貧困〟の仮想現実が作れてしまうのだから。

だから、発作を連発してカリスマを作るか？　それとも「無意識さ～ん！」で無敵な人になるのか？

そこが悩みどころになる。

何気なくさらっと書いたが、そう、「無意識さ～ん！」という言葉だけで、〝発作〟を解く催眠が使えるのでは？　と私の無意識さんが私に「書いて！」と言うのだ。

だって、みんなには簡単な方がいいでしょ！　と無意識さんが笑いながら言う。う～！　私には難しいことしか教えてくれないで、みんなには優しく簡単なことを教えて～！　も～！　と〝嫉妬〟で発作を起こす。

「無意識さ～ん！」と唱えると、不思議と深呼吸がしたくなって「みなさんと一緒に成長している私」の姿がちゃんと見えてくる。無意識さんとともに。

## 発作の催眠で人も自分もコントロールしちゃう！

ある有名な催眠療法家のセミナーで「私は絶対に催眠なんかかかりません！」と勇敢にも手を上げて挑戦した人がいた。すると催眠療法家は「では、なんであなたは手が挙げたまま下ろせないでいるんですか？」と言って会場が湧いた、という話がある。

たぶん催眠療法家は「催眠なんかかからない！」という〝傲慢〟の発作をうまく利用して筋肉の硬

直状態を作り出している。その催眠療法家はすごいと思うかもしれないが、私たちだって、そんな催眠は毎日の生活で当たり前のように使っている。

「片づけをやらなければ！　とわかっているのにできないのよね〜！」と言ったり思ったりすると身体が固まってしまって動けなくなる。いつの間にか白昼夢の中で気がついたら時間があっという間に過ぎている。

「やらなければいけないと〝わかっている〟」の〝わかっている〟の部分が〝万能感〟で、発作のカギになる。そして〝わかっているのにできない〟というのが〝ダブルバインド〟という高尚な催眠テクニックになり、さらに〝できない〟という〝怠惰〟の発作で脳は完全に過活動状態に入ってしまう。過活動状態になればなるほど眠りのような状態で目を開けたまま夢を見ている感じになる。まさに催眠である。

私の「お金がない！」という〝強欲〟でも簡単に発作を起こして、そこから〝嫉妬〟や〝憤怒〟も誘発されて、本当に自分は納豆すら買えない貧乏人であるという現実を見せて、将来寒さの中にのたれ死んでしまう、という恐怖で苦しませる。

催眠療法家が私に催眠をかけて、この状態を見せてくれたら「この人、本当にすげ〜！」となるだろう。目の前の現実とはまったく違う世界を作り出すことができるのだから。その「すげ〜催眠！」を私たちは普段から簡単に行っている。

自分自身だけではなく、人にも催眠をかけている。

浮気をする夫は、妻に〝嫉妬〟の発作を起こさせて「この人は私にとって必要不可欠な人～！」という幻覚を見させる。催眠から解かれたら「ゲッ！　なんでこんな生物と私は一緒にいるんだ！」となってしまうのを恐れて夫は浮気を繰り返す。〝嫉妬〟は簡単に発作を起こさせて〝幻覚〟を見せることができる。

母親は「なんであんたは、いつまでもそんなくだらないことをやって！」と〝憤怒〟を誘発して発作を引き起こす。その発作で〝硬直状態〟にして子供を手元におく。それをやっている母親も「私がこの子の面倒を見なければ」という〝万能感〟で発作を起こして「この子を外に出したら大変なことになる～！」という幻覚を見ているから、子供を手元におきたくなっているのだ。

もっと言ってしまえば、発作を起こしている人に近づくと、その脳内の電気に感電して〝発作〟が誘発されて「催眠状態～！」になってしまう。万能感バリバリの人のそばに近づくと〝憤怒〟が湧いたり〝嫉妬〟に憑りつかれたりするのは、ただ相手の〝万能感〟に感電して、自分の脳の発作が誘発されているだけなのだ。

下手をすると、人を催眠状態に入れるのは、言葉すら必要なくて、自分の脳の発作を強めれば強めるほど簡単に相手を催眠状態に入れて、相手の自由を奪うことができてしまうのだ。

「なんであなたは催眠にかからないと言いながら手を下げないんですか？」という感じに。

①暴食②色欲③強欲④憤怒⑤怠惰⑥傲慢（万能感）⑦嫉妬――をうまく操って、発作を起こさせたり、自分で発作を誘発して、催眠状態で〝暗示〟を入れて「バリバリ行けちゃうぜ～！」を作り出すことは可能。

でも注意書きが一つだけある。〝燃え尽き症候群〟になる可能性が高いのだ。

脳内で発作を連発させて、ホルモンがバリバリに分泌されているから、そのホルモンの受け口が増え過ぎて「ホルモンが効かな～い！」となってしまったら打ち止めとなる（チ～ン！）。

それが起きないように〝リラックスの催眠〟を織り交ぜながらであれば発作の催眠も有効である。

けれども、私は「無意識さ～ん！」の〝発作から解かれていく催眠〟の方に美しさを感じる。

「無意識さ～ん！」と頭の中で唱えて発作から解放されてみると、本当に自分にとっての必要なものが見えてくる。催眠で人をコントロールする〝万能感〟は必要ないかも～！　とおもしろみを感じなくなる。無意識さんと一緒の〝凪〟の世界の方が心地よいから。「無意識さ～ん！」と催眠から解かれていくと「自分が一人ぼっち」という感覚も幻想であったと感じられるのだ。

「みんなとつながっている！」という不思議な安心感。「無意識さ～ん！」と唱えていると「人から卑下されて下に見られている」という素敵な幻覚も必要なくなる。人目を気にして、自分をこれ以上磨く必要がないことを無意識さんが教えてくれる。「そのままの自分でいい」と教えてくれる。

「無意識さ〜ん！」で〝発作〟の催眠状態から解かれて、本来の自分で生きることができる。ありとあらゆる悪夢から目覚めることができる。

単なる催眠状態である悪夢から目覚めてみると、非常にシンプルで、苦しみがない世界が目の前に広がっている。ブッダが見ていた世界ってこんなんだったのかな？　と思えるような素敵な世界である。

## ■「無意識さ〜ん！」と「心よ！」とは同じ

気がついている人は気がついていると思う。「無意識さ〜ん！」と「心よ！」とは同じなのだ。

催眠のお師匠さんが〝催眠〟という言葉だけで催眠状態を作り出すと言っていたように、〝無意識〟という言葉だけで同じ現象を生み出すことができる。そして〝心よ！〟も同じ意図で使っていたのだ。

普段は〝発作〟で催眠状態に入っていて、夢の中で考えていることを「自分はちゃんと考えている！」と思っている。〝発作〟とは無縁な人もいるかもしれないが、私の場合は「何とかしなければ！」とか「頑張らなければ！」と頭で考えているときはたいてい〝発作〟が起きていて催眠状態なので「思うように進まない！」となる。

そこで〝心よ！〟と考えの先頭につけることで〝発作〟から解かれると、〝本当の現実〟の世界に生きている自分からの〝思考〟が受け取れる、という仕組みになっているだけなのだ。

「心よ！」とタグをつけるだけで発作の悪夢とは無縁の "本来の自分" の思考を使うことができる、そんな単純な話なのだ。だから「心に聞くのは大変！」なんて言うのは、ただ〝発作〟が連発してい

て「悪夢から抜け出したくな～い！」という状態。

「夢を見ていたいんですね！」ということ。それももちろんＯＫ。夢って気持ちがいいものですから

ね～！

ブッダとは〝目覚めた人〟という意味らしいが、まさにその通りなのだ。

心よ！と〝発作〟から解かれた目覚めている自分の思考にアクセスしてみるとおもしろい。目覚めている自分の思考に質問してみると、そこには難行苦行など必要ない優しい世界が広がっている。

だから「心に聞けません！」という人は、〝発作〟の催眠で「あなたは本来の自分で考えられなくなる～！」と入れられているだけ。その「あなたは本来の自分で考えられなくなる～！」という催眠の〝発作〟を誘発しているのは誰？　というのが、「心よ！　私と〝心〟の間に邪魔がありますか？」という質問になる。

〝心〟が「母親が邪魔している！」と言ったら、「あんたみたいなだらしがない人間が目覚められるわけがない！」というお母さまの決めつける〝傲慢〟（万能感）と、〝だらしがない〟という〝怠惰〟で発作を起こされて「悪夢～！」から出られなくなっている、ということになる。

「心よ！　母親からの邪魔を排除して！」とお願いするのは、脳のネットワークをそこだけ切断して

〝発作〟から解放された状態にして！　ということ。

「まだ〝心〟に聞ける気がしない！」と思うのは、まだ脳のネットワークでつながっている人からの〝思考〟に発作の地雷が含まれているから。「心よ！　誰が邪魔しているの？」と聞いてみると「夫！」と教えてくれる。

「自分だけ目覚めて自由になるなんてずるい！」という〝嫉妬〟で発作を起こして「心に聞いちゃったらあの人が私から離れてしまうかもしれない！」なんていう幻覚を見させるから「心には聞けね～！」となっていたりする。

〝心〟に脳のネットワークの排除をお願いして発作から解放されると「なんであんなにあの人に依存をしていたんだろう？」となる。

〝心に聞く〟の一連の作業は〝目覚めた自分〟の思考にアクセスするだけ。〝目覚めた自分〟の思考にアクセスしてみると、そこには無限の可能性が広がっている。

## 心が見せてくれる展開

ある両親が自閉症の息子さんを連れてきた。

息子さんは、こちらが話しかけると、目の下の筋肉が「ピクッ！」と動いたり、首の筋肉が動いたりして反応してくれるので、それを頼りにコミュニケーションを図る。

途中、息子さんが鼻に指を突っ込み、お父さんが「止めなさい！」と手を鼻から出そうとしたので「ちょっと待ってください！」とお父さんを止めた。

「緊張していると鼻に指を入れたくなるの？」と聞くと、息子さんの目の下の筋肉が「ピク！」と動いたので「そうなんだ！」と理解した。両親に「緊張してリラックスしたいときに鼻に指を突っ込むんですよ！」と伝えると、両親は「だから電車の中で赤ん坊が泣いたとき、鼻をいじるのが止まらなかったんですね！」と納得した。そして、両親がそれを理解すると、息子さんは鼻をいじるのを止めた。

「もう帰る！」とまだ30分もカウンセリング時間が残っているのに息子さんはいきなり立ち上がった。こんなときは「ちょっと待っててくださいね！」とか「あと少しですからね！」という言い方だとダメなことはわかっていたので「あと30分間おつきあいくださいね！」と伝えると、息子さんは静かに座ってくれて、そこから両親を交えていろんなやり取りをすることができた。

そして30分ピッタリになると時計も見ていないのに、息子さんはすくっと立ち上がった。帰るとき「次回が最後だからね！」と意味深なことを言った。

そして、次のカウンセリングのとき、両親が「前回のカウンセリングの後から息子が静かになってしまって！」と言った。

学校を卒業してみんなから離れるのが悲しいのか、それとも、これから作業所に通うので新しい環境に対して不安を感じているのか？　それとも引越しをすることがストレスなのか？　どれだかわからないんですけどね、と両親。確かに前回とは違って元気のない様子。そこで〝心〟に息子さんが何を感じているのかを聞いてみながら、息子さんとコミュニケーションを取ってみる。

「心よ！　息子さんは何を感じていますか？」

すると「悲しみを感じている！」という答え。なんで悲しいの？　と聞いてみると「友達と離れてしまうから悲しい！」と返ってくる。それを息子さんにフィードバックするとニマッとした表情をした。

「お～！　合っているんだ！」

「教室に居たってただ座っているだけで誰とも話さないのに別れるのがさびしいんだ？」とお父さんが質問したので、〝心〟を通じて息子さんに確認してみると「一緒にいるだけでつながっていたから、そしてつながっていてお友達だから」という答えが返ってきて、息子さんにそれをフィードバックするとちょっとうれしそう。

卒業してから通う作業所のこととか、引っ越しのことは不安じゃないの？　と聞いてみると「不安はない！」とのこと。

ちょっと意地悪な質問をして「両親から心配されること、注意されることは不快じゃないの？」と聞いてみると「不快じゃない！」と返ってきた。だったら、両親に対する要望は？　と聞く。

「要望はないけど、ただ見守っていてほしい！」と返ってきた。

「ただ、見守っていてほしい！」

「心配しないでほしい」とか「あまり干渉しないでほしい」ではなく、「見守っていてほしい」は本質なんだな、と感じた。

「お母さんにそれができますかね？」と質問をしてみると「知らない！」というシンプルな答え。自分以外のことはわからないとのこと。

「でも、お母さんに何かアドバイスをするとしたら？」と質問をしてみる。

すると「お母さんも好きなことをやれば！」と教えてくれた。

お母さんは「え～？　これから好きなことをやっていいの～！」とちょっとうれしそう。これまで、ずっと息子さんの心配をしてきたから好きなことはやれなかった。

お母さんは「お父さん！　好きなことをやっていいって！」とその場でお父さんの許可をもらう。

この頃から息子さんがちょっと元気になってきた。

「あれ？　もしかして？」と思って「もう悲しみはないの？」と質問してみたら「もうない！」とのこと。

「お父さんとお母さんが僕が友達と離れるのが悲しい」ということを理解してくれたからと返ってきて「うわ～！そうなんだ！」と納得。人は本当に共感してもらうと感情が整理されていくのだ。

息子さんの顔がみるみる明るくなった。

お父さんがちょっと安心した様子で「オリンピックの年に大人になる、って言ってたよな！」と息子さんに言う。

「へ～！　何のことだろう？」と心に聞いてみると、息子さんの特殊な能力がわかってしまった。

「え！　こんな能力があるんだ！」と思って両親の前で息子さんに確かめようとした瞬間に「ダメ！」と息子さんは大きな声で言って、さらに両腕でバッテン印を作って私がそれを言うのを止めた。

「なに？　これは両親に伝えちゃいけないいんだ！」と息子さんに確認したら、息子さんは落ち着いた。

息子さんのすごい能力のことを両親に伝えたい思いでいっぱいだったが、息子さんの特殊能力を両親が知ってしまうことで生じる不具合もわかるので「やっぱり息子さんが思っていることは正しんだな！」と思った。

それを瞬時に息子さんは、私の脳とコミュニケーションをとって判断し、制止したのだ。

この息子さんって本当にすげ～！　心ってすごい。

息子さんが相談室を出るとき、その背中に思わず「師匠！　またいらしてください！」と言っていた。

## ■〝一体感〟を得る簡単な方法

なぜ〝心〟が「自閉症の診断を受けた息子さんのことを書いていいよ！」と言ったのかわからなかった。

でも、それを書いた後で「この後は何を書くの？」と聞いたら、〝心〟は「簡単に人と〝一体感〟が得られる手法！」と教えてくれた。「みんながそれを求めているから！」と。

それがなぜ、あの息子さんと関係しているのか。「心よ！　その方法とは？」と聞いてみて納得した。

その方法とは？　目を閉じても開けていてもかまわない。私の場合は、初めは閉じてやった。

目を閉じた瞬間に私の全身から（特に腕から）たくさんの根っこのようなものが伸びて広がって、いろいろな人につながっていく。頭に思い浮かんできたすべての人にその根っこのようなものがつながっていき、その根がまるで地表のように密になってものすごいスピードで広がっていきやがて地球全体を覆っていく。

「え？　危ない人とつながっても大丈夫なの？」と不安になるが、〝心〟は「酸いも甘いも！」とわけのわからないことを言う。

広がっていくスピードがあまりにも早くて止めようがなくて「あ〜！」という間に地球全体を覆っ

て行った先に「なるほどこれなんだ！」という感覚になった。そう。「いい人　悪い人」の裁きがまったくない世界。これぞ発作から解放された世界であり、本来のみんなとつながっている状態！

言葉が一切必要ない〝一体感〟の世界。なるほど！

「心よ！　これって誰でもやって大丈夫なの？」と一応確認をしてみる。やってはいけなことは心は教えないはずだが、念のため。

すると〝心〟は「臆するな！」とだけ答えてくれた。

心ってやっぱりすげ～！

# すべてとつながっている

## あなたの苦しみはあなたのものではない！

〝心〟が教えてくれた「一体感が得られる方法」は〝言葉〟も〝イメージ〟も使わない。言葉もイメージも使わないとはどういうことか。言葉を使った〝暗示〟もイメージを使った〝催眠誘導〟も使わずに、どうやって一体感が得られるのか？

自閉症の息子さんが言った「教室にいるだけで、他の子供たちと会話もしていないのにお友達になれる」というのが一番のヒント。会話もしないでどうしてお友達なのか。

自閉症の傾向がある人は〝感覚過敏〟の特徴がある。光に過敏で「眩しい！」となったり「蛍光灯のチカチカが見える～！」と言ったりする（蛍光灯は1秒間に１００回点いたり消えたりしており、普通の人間の目ではその点滅は認識できない）。

自閉症傾向のある人は味覚感覚も皮膚感覚も敏感であることがあって、人からちょっとでも触れられると「大変！」と〝発作〟を起こして催眠状態に入ってしまう人もいる。

話はそれるが「潜在能力を発揮できるようになりたい！」と〝リミットレス〟の研究をちょっと前からするようになった。

幼少期に大きな波にのまれて死にそうになって「海が怖い！」となっていたが、あえてこの歳になってサーフィンに挑戦して「どうやったら潜在能力を発揮できるのか？」その効果を確かめた。

目の前に壁のような波が立ちはだかると「怖い！」と固まって波にのまれて沈んでしまう。それを何度も繰り返して「苦しい～！」となっていた。

いろいろ試してみたが、最後にたどりついたのは、皮膚感覚の「冷た～い！」を感じ取る遺伝子の名前を唱えてみると「波が止まって見えた！」瞬間があって「ひゃ～！　波に乗れた～！」という体験をした。

「冷た～い！」というのはメントールのさわやかさを感じるセンサーに関連する遺伝子なので、「冷静沈着になれば〝止まって見える〟などの潜在能力が発揮できるのかも！」ということが見えてきた。

よくよく調べてみると、その関連の遺伝子で肌などが圧迫されているときのセンサーの役割をする遺伝子が「第六感の遺伝子！」として研究されていた。

第六感に関係する「感じて！」は皮膚だけじゃないが、「感じて！」の部分だけで、もしかして「人は人とつながることができるのでは？」と思った。

「簡単に一体感を得る方法！」を試したときに、私の腕の皮膚の感覚を感じて、そこから「根が伸びていく感じ」と書いたが、実際には青色に光る光ファイバーがどんどん私の腕や後頭部から隣の部屋に伸びていって、隣の部屋の人とつながる。

つながったのを腕や全身で感じながら、さらに腕や後頭部から無数に伸びる光ファイバーが広がっていきさまざまな人をつなげていく。それが無数になってまるで私の後頭部からのび続ける髪の毛が地表のようになって広がり地球全体を覆う、という感覚だった。

皮膚などの〝感じる〟の部分は「個人の感覚を感じるもの」としてこれまで考えていた。それが「本来は、みんなとのつながりを感じるものである！」という認識にスイッチした瞬間に、感覚は自然と本来の機能を取り戻し〝一体感〟が得られた、ということなのかも、と考えたのだ。

今、自閉症の人の〝感覚過敏〟は何のためにある？　と聞かれたら「言葉を介さずに〝一体感〟を得るためにある！」と自信を持って答えられる。なんせ私もその体験をしちゃったから（本当にすごかった！）。

言葉を使わなくても、触らなくても〝一体感〟がそこにある。

特に興味深かったのは、私の感覚が伸びていくときに、突然加速してコントロールできなくなったこと。

地球全体を覆うようなスピードだから当然だが「あの人とつながっても大丈夫なの？」と某国の独裁者の顔が浮かんだりしたが、あまりのスピードで抗うことができない。けれども、つながってしまったら「みんな一緒！」という感覚になった。

「これなんだ！」あの方が感じていた裁きのない感じとは。あの方は、心の中で「心配しないで！」とか「放っておいて！」なんていうようにお父さんのこともお母さんのことも裁いてはいなかった。

すべての人とつながって「善」があり「悪」がありということを飲み込んでしまうと、善と悪が中和されて〝無〟となる。人が感じている〝辛さ〟や〝苦しさ〟、そして〝喜び〟や〝幸せ〟などもすべて飲み込んでしまうと〝無〟になる。

私が〝心〟を通じてあの方につながったとき、あの方の中に「辛さ」とか「苦しみ」が一切なくて「楽しいことをやりたい！」のみだった。その理由がわかった。

身体の感覚を通じて「正しい、間違っている」とか「好き、嫌い」を超えてありとあらゆるものとつながっていったときに、人などに裁きを下す〝万能感〟から解放されて「辛さ」や「苦しみ」とは無縁の世界に入っていく。これがあの方がいる世界だった。

ちなみに私は腕の感覚が伸びていき、そして首、後頭部の感覚が伸びていき、となったが、人によって感覚が敏感なところが違うので、自分が一番感覚を延ばしやすいところがいい。ある人は〝お腹〟からだったりする。

これを試したときに、本当の意味での「あなたの苦しみはあなたのものではない！」が見えてきた。

## 自分の思い込みじゃなかった！

私は、小さいころから〝感覚過敏〟で苦しんできた（感覚過敏とは味覚、嗅覚、触覚と同時に人の気持ちに対しても敏感）。

「すぐに人から不快感が伝わってきてしまう！」という症状で、父や母の怒りや緊張感を感じては怯えていた。友達の不快感もすぐに感じ取って「自分が不快にさせているのかも？」と緊張してしまう私は仲間に入れなかった。

人の不快感を感じ取ってしまうから「なんとかしなければ！」と頭の中で右往左往するが結局なにもできない。いつも人のことばかり考えているので自分の勉強に集中できない。「人のことが気にならないようになりたい！」と思っても、近くにいる人の感覚が伝わってきてしまって、その人の思考に飲み込まれて、いつの間にか自分自身がなくなっていた。私はこれが自分の足かせだとずっと思っていた。

電車に乗っても、いろんな人の感覚が伝わってきてしまうから、落ち着いて座っていたことがない。「これは私の思い込みだろう！」とずっと思ってきた。

だらしがなくて、注意散漫で、常にあちこちに注意がそれて、浮かんできた人の気持ちを勝手に空想してしまう妄想家なのだと自分のことを思っていた。

けれども第六感の研究により、肌で圧迫を感じるときのセンサーの遺伝子が関連していることがわかり「もしかして、私が肌で感じていた人の気持は本当に肌のセンサーを通じて人から伝わってきたものでは」と思った。私の妄想ではなかったのかもしれない。

伝わってくるのは「自分の思い込み」と思っていたから「なんで人の不快な気持ちばかり考えてしまうんだろう？」と思って、できるだけそれを考えないようにした。でも、敏感肌だからビリビリ相手から伝わってきているのに、それを感じないようにするとおかしなことになる。

感じているのに感じないようにするから、いつの間にか「自分が不快感を感じている」と自分に不快感を帰属して「自分はいつも不快な気持ちにまみれている～！」となっていた。

人と接触をすればすぐに不快な気分にまみれてしまうので、人と接触をしないようにする。でも、不快な気分はどんどん外から流れてきて私を苦しめていた。

〝心〟は「怖がらないで人とつながってごらんよ！」と言ってくれる。〝心〟は「人と感覚がつながっちゃうのはあなたの思い込みじゃないから、自分の感覚を全開にしてみんなとつながってごらんよ！」と。

そこでおっかなびっくり「自分は人の感覚が感じられる！」という〝肌の感覚〟に注目して、それを広げていく。すると、普段感じている〝恐怖〟、〝不安〟、〝怒り〟、〝苦しみ〟などがどーっと押し寄せてくるが、それを怖がらずにその先も感じ続ける。自分の感覚をもっと広げていく。肌から伝わってくる感覚を臆さず感じ取っていく。

すると普段感じていた不快感がどんどん薄まっていき、やがて〝無〟になる。そう！〝無〟で静かな世界でつながっている人たちとの〝一体感〟がそこにある。私が感じた〝一体感〟は〝無〟だった。

「空しい」とか「無で悲しい」という感覚ではなく〝無〟で〝安心〟なのだ。これを感じたときに、私は電車に乗るのが怖くなくなった。

これまで「不快な感覚が人から伝わってくる」と思っていたが、不快を感じている人の感覚にだけ注目して「なんとかしなければ！」とその人の苦しみを背負っていた。

でも、〝心〟が言ってくれたように、感覚を全開にして、電車に乗っている人すべてにつながって、さらに次の車両、そしてまた通り過ぎる近所の人たちの感覚までとつなげていくと、不快感はどんどん薄まっていきやがて〝無〟になる。

最初は目の前の女の人の人生を考えて苦しくなっていたが、感覚を全開にして周りのすべての人とつながってみると、目の前の女の人が〝無〟になる。そう、苦しみも悲しみも存在していない人が目の前に座っている。それが本来の姿。

そう考えていくと「人と出会うのは苦しくないかも！」と思えてくる。人と出会い、そして人とつながってそのネットワークを広げていくことで苦しみが中和されやがて無になっていく。

そう思ったら外の世界に繰り出したくなった。いろんなところで〝無〟である〝一体感〟を感じてみたくなった。これまで嫌っていた自分の感覚を全開にしながら。

## 〝無〟だけで一体感

お師匠さんの催眠を受けたことがある人が、この文章を読んで「私、あってたんやん！」と言った。

この人は、掃除機をかけながら「他のママ友に比べて私はダメだ～！」とか「私の子供が他の子と比べて劣っているのは私のせいだ～！」など不快な思考が次から次へ湧いてきて止まらなくなったとき、とっさに「〝無〟」と唱えてみた。すると「頭の中が真っ暗な宇宙のような状態になり、宇宙とつながっている安心感を感じた～！」と言っていたのだ。

「出たな～！　お師匠さんの十年殺し～！」と思った。十年殺しとは催眠をかけてから芽が出るまで適切な時間がかかること。私もお師匠さんに催眠をかけられたとき、湖のほとりで見上げた満天の星を思い出していた。

真っ暗闇で〝無〟だから「ひとりぼっち」と思いがちだが、〝無〟こそ「みんなとつながっている～！」という状態だった。〝無〟こそすべてのものとのつながりで、そこには揺るぎない〝安心感〟がある。それが本来の私たちの状態なのだ。

最後に、これまでの話の流れを整理してみる。

苦しいとき、不安なときは「自分がなんとかしなければ！」という万能感で発作が起きている状態だから、〝心〟に聞くとその発作から簡単に解放されて「あ！　不安も苦しみも私のものじゃなかった！」と感じられる、と紹介した。

そして、人と話をしているときや人の中にいるときに〝心〟に聞くのは難しいという方のために、「見て！」、「聞いて！」そして「感じて！」で無意識さんの状態になる。無意識さんの状態になると、不思議な知恵が湧いてきて、これまでの自分とは違った生き方ができるようになる。

さらに「見て！」、「聞いて！」そして「感じて！」も面倒くさい！ という人のために「無意識さ～ん！」と呼びかけるだけでも大丈夫だと紹介した。

「無意識さ～ん！」の状態はどんな仕組みかを紹介するために、身体の感覚を使ってすべての人とつながったときに「善」も「悪」も「甘い」も「酸い」もみんなつながって飲み込んでいったら、すべてが中和されて〝無〟になって「安心～！」となる状態を説明した。

そして「身体の感覚を使って人とつながるなんて、そんな難しいことはできない！」という人のために〝無〟という言葉だけでもOKと説いた。

〝無〟とはすべてを捨てて〝孤立〟するものだと思っていたがそうではなかった。〝無〟とは言葉を必要とせず、すべてのものとつながっている状態だった。すべてとつながっているから「これが私に必要！」とか「あれも欲しい！」なんて執着する必要がない。すべてつながっているから、すべて捨てられる。すべてつながっているから失うことがない。だから〝無〟と唱えてみると不思議な感覚になるのだ。

おそるべし！　お師匠さんの催眠！　なんてことを感じながら、懐かしいような温かい気持ちになる。

みなさんと共に歩んできた道を振り返りながら。

## おわりに

これまで文章を書くときは、すべて〝心〟に聞きながら書いていていました。

青山ライフ出版の高橋さんから「『あなたの苦しみはあなたのものではない』というタイトルで書いてください。新しいお題じゃなくて、これまでの本の総まとめとして」と無茶ぶりをされて「ハイ！」と返事をしてしまう私も私。どうせ私が書くんじゃないですから。

〝心〟に教えてもらって書いていくことですから、私が悩むことなんかないんです。だから「今回はどんな展開になるんだろう？」と楽しみにしながらここまでやってきました。

すると「苦しみの元は〝万能感〟」という答えが出てきて、私自身も目からうろこでした。

「自分が失敗をしたら大変なことになる！」とか「ここで自分や誰かにものすごく悪い影響を及ぼしてしまったら大変」などと考えるのが〝万能感〟で苦しみの元だったのです。そんなことは考えたことがありませんでした。

そもそも、なぜそれが万能感？　と思っていましたが、「大変なことになる！」と未来のことがわかってしまうのが〝万能感〟だったのです。確かに、未来のことは〝神〟のみぞ知るです。だから、未来のことがわかって、未来を変えようとすること自体が「神～！」だったなんて、「すげ～！」となったのです。

私は「汚れている私が誰かに触れてしまったら、相手に悪い影響を与えるのでは？」という観念を持っていました。これも「神～！」の万能感なんですね。

みんなに突っ込まれます。「あんたにそんな力はないですから～」って。

万が一、私の脳に帯電している電気で相手に影響を与えて発作を誘発したとしても、それは一瞬の出来事。それが、どんな影響を与えるかなんてわかりもしないのに「大変なことになる～！」と不安になっていた私はものすごく〝万能感〟でいっぱいだったのです。

でも理論的にはわかるのですが、体感的にはまだ腑に落ちていない感覚がありました。身体ではまだまだ万能感を捨てきれない感じがあったのですが、自閉症の方と接触して、その後に〝心〟が教えてくれた「イメージも言葉も使わずに身体の感覚で人とつながる方法」を実践してみて「お～！　確かに全てのものとつながってしまうと中和されちゃうんだ！」とおもしろい感覚になるのです。中和されちゃって〝無〟になるから〝万能感〟もそれに飲み込まれて「チ～ン！」と心の中に静けさが訪れます。

でも、身体で一体感を感じる方法なんて、修行僧じゃあるまいし、みんな興味が持てないっすよと、心に文句を言っていたら、お師匠さんの催眠を受けた人が「言葉で〝無〟でいいんですよ！」と教えてくれて「へ〜！」確かにとなった。ここに戻っていくんですね。


初めに言があった（言は〝ことば〟です）。

言は神と共にあった。

言は神であった。

この言は初めに神と共にあった。

すべてのものは、これによってできた。できたもののうち、一つとしてこれによらないものはなかった。

この言葉には命があった。そしてこの命は人の光であった。

光は闇の中に輝いている。そして、闇はこれに勝たなかった。

（有名な本のヨハネの福音書１：１〜５）


ブッダの〝無〟とイエスの〝言葉〟がわたしに妙な安心感を与えてくれます。

そして、私はお師匠さんとともに踊りたくなるんです。

「パン！　パン！　パン！」と空っぽになっている左右のポケットを交互に叩きながら、がに股になっている足を交互に上げて「アホせらぴ～！」って。

「パン！　パン！　パン！」「アホ、セラピ～！」

「パン！　パン！　パン！」「アホ、セラピ～！」

師匠！　これが〝無〟だったんですね！

何だか、踊っていたら涙があふれてきた。

歌いながら踊っていたら、涙が止まらなくなりました。

何だかうれしくて。

ありがとうございます。

# 著者プロフィール

## 大嶋 信頼 (おおしま・のぶより)

米国・私立アズベリー大学心理学部心理学科卒業。

アルコール依存症専門病院、周愛利田クリニックに勤務する傍ら東京都精神医学総合研究所の研究生として、また嗜癖問題臨床研究所付属原宿相談室非常勤職員として、依存症に関する対応を学ぶ。嗜癖問題臨床研究所原宿相談室長を経て、株式会社アイエフエフ代表取締役として勤務。現在、インサイト・カウンセリング代表取締役。

著書に『ミラーニューロンがあなたを救う！』、『支配されちゃう人たち』、『無意識さんの力で無敵に生きる』、『それ、あなたのトラウマちゃんのせいかも？』、『言葉でホルモンバランス整えて、「なりたい自分」になる！』(以上青山ライフ出版)、『「いつも誰かに振り回される」が一瞬で変わる方法』(すばる舎)、『小さなことで感情をゆさぶられるあなたへ』(PHP研究所) などがある。

# その苦しみはあなたのものでない

著者　大嶋　信頼

発行日 2018 年 5 月 8 日　第 2 刷　2018 年 5 月 18 日

発行者　高橋 範夫

発行所　青山ライフ出版株式会社

〒 108-0014 東京都港区芝 5-13-11 第 2 二葉ビル 401

TEL：03-6683-8252　FAX：03-6683-8270

http://aoyamalife.co.jp　info@aoyamalife.co.jp

発売元　株式会社星雲社

〒 112-0005　東京都文京区水道 1-3-30

TEL 03-3868-3275　FAX 03-3868-6588

装幀　溝上なおこ

印刷 / 製本　中央精版印刷株式会社



ISBN978-4-434-24498-8